Alan W. Watts

Offene Weite nichts von heilig

Alan W. Watts

Offene Weite nichts von heilig

Die Zukunft der Ekstase und andere Essays

ZERO

Originaltitel:
Cloud-Hidden, Whereabouts Unknown

Übersetzung:
Erika Ifang
Deutsche Ausgabe:

Vierbaumer Heide 82a
D-4134 Rheinberg 4

Satz:
ZERO Verlag
Druck:
Schiborr KG, Mülheim
Printed in Germany
ISBN 3-922253-08-3

Cip-Kurztitelaufnahme der Deutschen Bibliothek

Watts, Alan:
Offene Weite, nichts von heilig : d. Zukunft d. Ekstase u.a. Essays / Alan Watts [Übers. von Erika Ifang]. — Rheinberg : Zero-Verl., 1982.
Einheitssacht.: Cloud-hidden, whereabouts unknown ⟨dt.⟩
ISBN 3-922253-08-3

INHALTSVERZEICHNIS

Vergebliche Suche nach dem Einsiedler

Ich fragte den Knaben unter den Kiefern;
Er sagte: ,,Der Meister ging allein
Kräuter sammeln irgendwo am Berg,
Wolkenverloren, keiner weiß wo.''

Chia Tao (777—841)

Wu-di von Liang fragte den Großmeister Bodhidharma:
,,Welches ist der höchste Sinn der Heiligen Wahrheit?''
Bodhidharma sagte: ,,Offene Weite — nichts von heilig.''

Bi-Yän-Lu (1111—1115)

VORWORT

Das Gedicht von Chia Tao aus der T'ang-Dynastie paßt zu meiner geistigen Verfassung, und es hat eine innere Verbindung zum Titel dieses Buches. Ich teile mein Leben zwischen zwei Plätzen — einem Fährboot im Hafen von Sausalito und einer einsamen Hütte in den Vorbergen von Mount Tamalpais nördlich von San Francisco. Dieser Berg ist den Indianern heilig, eine seltsam wohltuende Atmosphäre umgibt ihn. Während der vergangenen drei Jahre habe ich fast nur in der Hütte geschrieben, unter anderem meine Autobiographie *Zeit zu leben* und zahlreiche Artikel für das *Journal* und Zeitschriften wie *Playboy* und *Earth*. Die meisten dieser Artikel sind hier in tagebuchähnlicher Form wiedergegeben, allerdings nicht in chronologischer Abfolge, sondern eher dem Inhalt nach geordnet, denn meine Gedanken folgen keiner geraden Linie, sondern kreisen lieber in Spiralen.

Einige Kritiker werden mich deshalb der Wiederholung zeihen, aber ich habe als Lehrer oft feststellen müssen, daß die meisten nichts verstehen, wenn man nicht seine Gedanken wiederholt — sie in andere Worte kleidet oder neue Bezüge herstellt, wie ein Musiker, der sein Thema variiert. Dabei meine ich mit Verstehen nicht einfach das verbale Begriffsvermögen — ich meine ein Gefühl, das durch ,,Mark und Bein'' geht.

Der Inhalt dieses Buches erstreckt sich in Bereiche der Naturphilosophie, Ökologie, Ästhetik, Religion und Metaphysik, und die einzelnen Essays sind mehr oder weniger nach diesem Themenkreis geordnet. Wer Wert auf eine chronologische Abfolge legt, kann im Geiste mit Hilfe der aufgeführten Entstehungsdaten eine Umordnung vornehmen.

Alan Watts

DAS WASSER

山水

Soweit ich mich überhaupt zurückerinnern kann, haben das Licht, der Geruch, das Rauschen und die Bewegung des Meeres immer eine magische Anziehungskraft auf mich gehabt. Es genügten bloße Anzeichen für seine Gegenwart — Möwen auf dem Fluge landeinwärts, das eigentümliche Licht des Himmels jenseits der Berge, die die Sicht aufs Meer versperren, das dumpfe Tuten der Nebelhörner bei Nacht. Immer wenn ich von allem weg muß, um mir, mit den Worten des chinesischen Dichters, ,,alle Mißlichkeiten des Lebens aus den Poren zu waschen'', gibt es nichts Besseres für mich, als da draußen auf einen Felsen zu klettern und stundenlang dazusitzen, nur Meer und Himmel vor Augen. Ist auch der Rhythmus der Wellen wie ein Pulsieren der Zeit, so doch anders als das von Uhr- oder Kalenderzeit. Es hat keine Eile. Es ist zeitlose Zeit. Ich weiß, daß ich einem Rhythmus lausche, der seit Millionen von Jahren gleich geblieben ist. Er entführt mich einer Welt erbarmungslos tickender Uhren. Uhren scheinen irgendwie immer im Takt zu marschieren, und Marschieren führt meistens zum Untergang. Der Rhythmus der Wellen ist kein Marschtakt. Er ist mit unserem Atem im Einklang. Er zählt unsere Tage nicht. Der Pulsschlag der Wellen hat nichts mit geizigem Bemessen zu tun, mit dem Abwägen dessen, was noch bleibt. Er ist der Atem der Ewigkeit, wie das Ein- und Ausatmen des Gottes Brahma in der indischen Mythologie, durch das die Welt ewig entsteht und vergeht. Das weckt die Vorstellung von entsetzlicher Monotonie — bis man plötzlich das Brechen und Anbranden der Wellen wahrnimmt.

So bin ich dazu gekommen, direkt am Wasser zu leben. Ich habe ein Studio, eine Bibliothek und einen Platz zum Schreiben auf einem alten Fährboot, das im Hafen von Sausalito im Norden von San Francisco verankert ist. Ich glaube, von allen Orten Amerikas kommt Sausalito einem mediterranen Fischerdorf am nächsten. Die steilen Hügel sind übersät mit kleinen Häusern, und unten entlang der Bucht, kaum zu erkennen vor dem Hintergrund des Wassers und bewaldeter Küstenberge, schaukelt ein Wald von Schiffsmasten. Eigentlich ist die Wasserfront hier ziemlich schmutzig, es gibt nicht nur Landungsstege und Boote, sondern auch Schrottplätze, Fabrikbauten und den ganzen unvermeidlichen Wohlstandsmüll unserer Wegwerfkultur. Doch irgendwie stellen Landschaft und Meer die Einheit wieder her und wirken versöhnend auf das Durcheinander. Aus alten Brettern und Sperrholz zusammengehämmerte Hütten und Schuppen, aufgetürmte ungenutzte Baustämme, verrostete Maschinen und verrottende Schiffsrümpfe — all das sieht verändert aus in der wohltuenden Gegenwart des Meeres.

Vielleicht liegt es am Licht, besonders frühmorgens und gegen Abend, wenn Himmel und Wasser ineinander überzugehen scheinen, wenn der ganze Raum in einer Art leuchtendem Perlmuttergrau schimmert und der auf- oder untergehende Mond strohgelb ist. In diesem Licht wirkt der wuchernde Wirrwarr von Hütten und Müllplätzen wie verzaubert, in beseligtem Einklang mit dem Gewirr der Masten und Seile und ankernden Boote. Alle Reisen, von denen man nur träumen kann, gehen mir dabei durch den Sinn und ferne Gestade, ich weiß nicht mehr wo.

Hier blicke ich nun in die Weite, nichts als Wasser und Vögel und in der Ferne die Linien grüner Hänge mit vereinzelten Baumgruppen. Gerade über dem Bootsrand scheint unter dem Wasserspiegel ein flach ausgebreitetes, unaufhörlich glitzerndes Netz aus Sonnenreflexen zu liegen, durch das unbekümmert ein Schwarm winziger Fischchen zieht. Ein paar Meter weiter von da entfernt, wo wir vertäut sind, werden in Anglerläden die Lachse und Krabben verkauft, an denen diese Gegend so reich ist.

Das Meer ist paradox. Sand, sprühende Gischt, Kieselsteine und Muscheln, Treibholz, glitzerndes Wasser, unglaublich leuchtende Weite mit Wolkenbänken am Horizont und einem Himmel darüber, in den man endlos hineinträumen kann. Aber unter der Oberfläche des Himmels wie des Wassers ist das grausamste Raubgeschäft im Gange. Menschen und Vögel gegen Fische, Fisch gegen Fisch. In merkwürdigen Windungen schreitet das Leben voran, die schmerzhafte Umwandlung einer Form, eines Körpers in einen anderen. Für Geschöpfe, die nichts davon ahnen, die keine Vorstellung von der Tragödie des Verspeisens und Verspeistwerdens haben, ist das vielleicht nicht so schlimm. Aber der arme Mensch! Weil er höher begabt ist als alle anderen Tiere und die Fähigkeit hat, zeitlich zu denken und seine Gedanken in die Zukunft zu richten, stirbt er, bevor er tot ist. Er schreckt vor den Zähnen des Haifischs zurück, ehe sie überhaupt zubeißen, und er fürchtet den Feind schon lange, lange vor dem Schmaus.

Gerade sehe ich eine Möwe, die sich aus einem Priel eine Krabbe gefischt hat. Da liegt das Schalentier nun auf dem Sand und zieht sich im Inneren seines Panzers zusammen, von dem das Picken des Möwenschnabels widerhallt: Tack, tack, tack. Wer klopft da an meine Tür?

Ich nehme an, daß Panzer oder Schalen für Krabben und Muscheln die Grenzen ihres Universums sind. Um uns in ihre Lage zu versetzen, müssen wir uns einen Klopfton vorstellen, der lauter und lauter klingt, einen Ton, der aus keiner bestimmten Richtung wie Tür, Wand, Decke oder Fußboden kommt. Nein, denkt euch statt dessen ein Klopfen, das von überall herkommt, das an allen Grenzen des Raums und des Bewußtseins laut wird und sich als gänzlich unbekannte Größe in die uns vertraute Welt hineindrängt.

„Laß mich herein! Laß mich herein! Ich habe dich zum Fressen gern. Ich liebe dich bis ins innerste Mark, besonders die weichen, saftigen Teile, die zarten, lebensvollen Organe. Nimm diesen Schmerz hin, und du wirst in MICH übergehen. Dein Sterben macht dich in MIR lebendig. Eh wir's versehen, werden wir alle uns am Morgen des Jüngsten Tages unter dem Klang der Posaunen verwandelt haben. Denn siehe! ICH bin es, der an der Türe steht und klopft."

Es gibt einfach keinen Weg daran vorbei. Der Möwe kann man eigentlich nicht nachsagen, sie sei raubgierig oder gefräßig. Ihr Lebendigsein ist gleichbedeutend mit Krabbenfressen. Wasservögel sind Umformungen von Fisch; Menschen sind Umformungen von Getreide, Rindern und Hähnchen. Was für den einen die Freude am Essen ist, ist für den anderen der Schmerz des Gefressenwerdens. Sich dieser Untrennbarkeit von Freude und Leid, Leben und Tod entgegenzusetzen, heißt sich gegen das Dasein stellen. Und doch können wir nichts anderes tun als protestieren, wenn unsere Stunde kommt. *Sich gegen Schmerzen sträuben bringt Schmerzen.* Soweit wir wissen, philosophieren Möwen und Fische nicht. Sie scheinen sich lieber ihres Lebens zu freuen, solange sie fressen, und es abscheulich zu finden, wenn sie gefressen werden. Aber sie denken nicht über den Vorgang als solchen nach und seufzen: „Wie schrecklich, so hart für sein Brot arbeiten zu müssen!" Oder: „Es ist wirklich die Hölle, sich dauernd vor diesen verdammten Möwen in acht nehmen zu müssen!'' Ich bin sicher, in ihrer Welt ist das alles ein Teil ihres Lebendigseins, ebenso wie ihre Augen oder Füße oder Flügel.

Der Mensch jedoch, mit seiner erstaunlichen Gabe, außerhalb seiner selbst zu stehen und über sich nachzudenken — kurz, Stellung zum Leben zu nehmen, der Mensch hat etwas getan, was seine Existenz bis in die Wurzeln erschüttert. Je sensibler er ist, um so tiefer empfindet er den Zwiespalt zwischen den Vorgängen des Lebens und seinen Wertvorstellungen. Bei rechter Überlegung kann ein Universum, in dem die einzige Lebensmöglichkeit darin besteht, anderes Leben zu zerstören, nur ein schrecklicher Irrtum sein, eine teuflische, keine göttliche Schöpfung. Sicher, laut Schöpfungsgeschichte sah die Sache einmal ganz anders aus, da gab es keinen Tod, und der Löwe lag bei dem Lamm. Aber dann kam der Sündenfall, ein gravierender Fehler, der die gesamte Natur verdorben hat. Das alles muß schon vor einer Ewigkeit stattgefunden haben, vielleicht in einem anderen Milchstraßensystem, wo die Lebensbedingungen ganz anders waren. Vielleicht bestand der furchtbare Fehler auch nur darin, daß der Mensch in seiner Entwicklung einen Schritt tat, der ihn dazu befähigte, über das Leben als Ganzes nachzudenken und zu reden. Denn durch die Fähigkeit, wie losgelöst über das Leben nachsinnen zu können, hat er sich vom Leben ausgeschlossen und ist ein Fremdling geworden in seiner Welt. Es mag auch sein, daß das Nachdenken über die Welt und die Erfahrung, ihr und dem ihr zugrunde liegenden Prinzip gegenüberzustehen, einfach zwei verschiedene Aspekte von ein und derselben Sache sind. Müssen wir nicht notgedrungen allen *Gegen*ständen unseres Denkens *gegenüber*stehen? Und doch sagen wir auch, daß wir uns etwas *zu eigen machen* — den Inhalt dieses Buches, die Ansichten, die darin dargelegt werden, usw. Nun frage ich mich, *ob uns das Leben nicht auch zu eigen werden kann statt zum Gegenstand.* Ist das nur ein Wortspiel, oder hat es einen tieferen Sinn?

Wenn Möwen und Fische nicht nachdenken können, haben sie auch keine Vorstellung vom Leben als etwas insgesamt Gutem oder Schlechtem. Und wenn wir über die armen Fische philosophieren und sie bemitleiden, ist das letztlich *unser* Problem. Von ihrem eigenen Standpunkt aus können sich die Pflanzen, Tiere, Insekten und Vögel überhaupt nicht als problematisch empfinden. Es besteht nicht der geringste Anlaß, ein solches ,,Unbehagen in der Natur'' zu vermuten. Im Gegenteil, ich neige gefühlsmäßig eher zu der Ansicht, daß alle diese Geschöpfe ihr Leben genießen und ,,voll drauf'' sind. Sie schöpfen bis zum allerletzten Augenblick aus dem Vollen, bis das Spiel den Einsatz nicht mehr lohnt. Ich bin ziemlich sicher, sie belehren sich nicht gegenseitig über ihre Pflichten und sorgen sich nicht darum, was nach dem Tod kommt.

Sind wir jetzt nicht ungemein erleichtert, wenn wir sehen, daß die Pflanzen und Tiere sich selbst kein Problem sind und wir unsere geistigen Energien nur vergeuden, wenn wir moralische Werturteile über sie fällen? Natürlich können wir nicht zum unreflektierten Bewußtsein der Tierwelt zurückkehren, ohne dabei selbst zu Un-tieren zu werden. Menschsein beinhaltet genau jenen Sonderbereich des Bewußtseins, der uns befähigt, zu wissen, daß wir wissen, und uns wertend auf alle Erfahrungen, die wir machen, einzustellen. Aber wir haben den Fehler gemacht — und das war der eigentliche Sündenfall —, diese besondere Fähigkeit, dem Leben als Ganzem gegenüber eine Haltung einnehmen zu können, zu verwechseln mit tatsächlichem Danebenstehen und Getrenntsein von dem, was wir sehen. Wir glauben, diese Instanz in uns, die um sich selbst weiß, sei unser wahres Selbst. Wir haben — mit anderen Worten — die eigene Identität vollkommen auf Seiten des Zuschauers verlegt. Auf subtile Weise ignorieren wir die umfassendere Einheit unseres organischen Wesens und vergessen dabei, daß das Selbstbewußtsein nur ein Instrument, eine Teilfunktion unseres Seins ist, in Analogie zur Finger-Daumen-Opposition der menschlichen Hand. Was bist du wirklich, der Finger oder der Daumen?

Man beachte die beiden Stufen dieser Differenzierung, den jeweiligen Grad der Abstraktion: Zuerst trennt sich das Leben von seiner Umwelt und macht sie zum Gegenstand seines *Wissens*. Dann folgt die Unterscheidung zwischen diesem Wissen und dem *Wissen ums Wissen*. Dabei liegt diesem Unterschied, wie im Beispiel von Daumen und Fingern, gar keine wirkliche Trennung zugrunde. Der Daumen schwebt nicht neben der restlichen Hand in der Luft. An seiner Wurzel ist er mit den Fingern verbunden, wie wir in unseren Wurzeln mit der Natur verwachsen sind. Natürlich könntest du behaupten, ,,Natur'' oder ,,Universum'' seien ja nur Abstraktionen. Aber willst du mir wirklich erzählen, daß eine Apfelsine nur die Abstraktion der betreffenden Moleküle, Häute, Segmente, Fasern und Flüssigkeiten ist?

Wir haben uns einen viel zu oberflächlichen Bewußtseinszustand eingeübt, als wären alle unsere Sinne ausschließlich in den Fingerspitzen und nicht auch in der Handfläche. Unsere objektive Einstellung dem Leben gegenüber wird nicht mehr aufgewogen durch die klare Empfindung davon, daß *das, worüber wir reden, wir selbst sind,* und zwar wir selbst in einem viel grundlegenderen und realeren Sinne als jene zusätzliche Denkschleife, durch die wir wissen, daß wir wissen. Lassen wir uns von der Tatsache irreführen, daß wir uns frei auf der Erde bewegen können und nicht festgewachsen sind wie Bäume am Boden oder Finger an der Hand? Wären wir räumlich so weit von der Erde entfernt wie ein Apfelsinenatom vom andern, würden wir wohl irgendwo draußen bei Mond oder Mars sein. Wir wissen, daß das Atom, das Molekül, die Zelle oder das entsprechende Organ eines bestimmten Lebewesens so und nicht anders beschaffen sind auf Grund ihrer Anordnung und Eingliederung in die Gesamtstruktur. Blut in einem Reagenzglas verändert sich sehr rasch und ist dann nicht mehr genau das gleiche wie Blut in den Adern. So muß sich der Mensch davor bewahren, geistig von der Welt, die er sieht, Abstand zu nehmen und sich als Subjekt vom Objekt zu trennen, denn dadurch hört er sehr rasch auf, Mensch zu sein.

Ich nehme an, daß ich deshalb das Meer so liebe. Es ist derjenige Teil der Natur, der am längsten allen Zerstörungsversuchen durch die Embleme und Symptome unseres gespaltenen Bewußtseins Widerstand leistet, obwohl auch das für den Menschen der nationalistischen Industrieländer bald kein Problem mehr sein dürfte. Aber das Meer ist ein Lebensraum, in dem *das Bewußtsein für unsere Wurzeln wiedererwachen kann,* in dessen durch Licht und Farbe so greifbarer Weite alle Dinge in ihrem Zusammenhang sichtbar werden, statt herausgerissen zu sein.

Und jetzt, beim Schreiben, entdecke ich, daß jenes Klopfen an den Grenzen von Raum und Bewußtsein mein eigenes Herzklopfen ist.

April 1970

UND DER BERG

Da ist einmal das Wasser, und jetzt ist da auch noch der Berg. (Im Chinesischen ergeben die beiden Schriftzeichen für ,,Berg'' und ,,Wasser'' zusammen ,,Landschaft''.) Ich verfüge über eine kleine einräumige Hütte am Hang des Berges Tamalpais, den ich vom Fährboot aus sehen kann. Sie liegt unter dem Blätterdach hoher Eukalyptusbäume versteckt und gewährt den Ausblick über ein langes Tal, dessen entlegene Seite mit einem dichten Wald von Lorbeerbäumen, Eichen und *Madrone* bedeckt ist, der so gleichmäßig hoch ist, daß er aus der Ferne wie Gebüsch aussicht. Keinerlei menschliche Behausung ist in Sichtweite, und der Hauptbewohner des Waldes ist eine wilde Ziege, die schon seit mindestens neun Jahren darin lebt. Ab und zu kommt sie heraus und tanzt auf der Spitze eines riesigen Felsens, der steil aus dem Wald aufragt. Niemand geht in diesen Wald. Ich selbst bin nur hinuntergegangen bis an seinen Rand, wo eine Wiese liegt, gut zum Bogenschießen, und ich habe vor, den Wald in den nächsten Tagen einmal zu erforschen. Aber vielleicht auch nicht, denn es gibt Orte, die der Mensch allein lassen sollte.

In dieser Zeit der Überbevölkerung und sozialen Mißstände, die zum Himmel schreien, mag es vielleicht niederträchtig wirken, sich von der Masse zurückzuziehen — wenn es auch nur die Bohemien- und Hippieschwärme im Hafen von Sausalito sind. Aber, um die Wahrheit zu sagen, ich setze einiges — wenn auch wenig — Vertrauen in den historischen Idealismus des ,,menschlichen Fortschritts''. Die Menschheitsgeschichte dreht sich wie der Planet selbst im Kreise. Da gibt es Morgenröten der Hoffnung und Dämmerungen des Leides, Frühlinge voller Sehnsucht und Herbste voller Verzweiflung, obwohl man ja seine Einstellung dahingehend verändern kann, daß man den Herbst als Ausgangspunkt eines Kreislaufes betrachtet, dessen Endpunkt der Frühling ist. Ich sage nicht, ,,zum Teufel mit den Leuten!'', als wäre ich etwas Besseres als der *gemeine Mann*, denn auch der gemeine Mann hat Anteil an der Gemeinsamkeit des ,,man'', am *At-man* (wenn mir das Sanskrit-Wortspiel erlaubt ist), dem überindividuellen Selbst.

Es gibt Situationen, in denen man seinen Mitmenschen Abgeschiedenheit schuldet, und sei es auch nur, um sie nicht zu stören. Überdies braucht die Masse solche Einzelgänger, wie sie Briefträger, Ärzte und Fischer braucht. Sie gehen hinaus, und dann senden oder bringen sie etwas zurück — selbst wenn sie kein Wort verlieren und schließlich ganz aus dem Blickfeld verschwinden. Der Einzelgänger ist für unsere geistige Gesundheit ebenso nötig wie unberührte Natur, wie der Wald, in den keiner hineingeht, wie der Wasserfall in einer Schlucht, den niemand je gesehen oder gehört hat. Wir *sehen* unsere Herzen nicht. Ich kann nicht behaupten, daß ich aufs Einsamsein versessen wäre, denn meiner gegensätzlichen Natur zufolge bin ich auch gerne gesellig. Ich lasse mir einfach den wechselnden Rhythmus von Zurückgezogenheit und Wiederkehr gefallen. Aber in den Bergen halte ich mich an das Tao, den Weg der nichtmenschlichen Natur (falls es so etwas wirklich gibt), und während ich mich in sie hineinfühle, merke ich, daß ich niemals draußen war, denn die Natur unterscheidet nicht zwischen Mensch und Baum.

Darüber wird man sich nur klar, wenn man über das hinausgeht, was menschliche Wesen vor allen anderen Geschöpfen auszeichnet, aber auch isoliert — über die eigenen Gedanken und Vorstellungen. Um es ganz klar zu sagen: Wir sind auf dem Holzweg, wenn wir glauben, unsere Gedanken seien Ausdruck und Spiegel der Natur, denn dadurch stellen wir uns außerhalb der Natur und schlüpfen in die Rolle des Zuschauers. Der Baum ist nicht Ausdruck und Spiegel des Fisches, obwohl beide Lebewesen an Licht und Wasser teilhaben. Der springende Punkt ist der, daß unsere Gedanken und Ideen Natur *sind,* wie Wellen auf dem Meer und Wolken am Himmel. Gedanken wachsen im Geist wie Gras auf der Wiese. Denke ich über Gedanken nach, als ob da ein „Ich" wäre, ein Denker, der ihren Lauf von außen beobachtet, werde ich in den endlosen Strudel des Denkens über das Denken usw. gezogen, denn dieses „Ich" ist selber nur ein Gedanke, und Gedanken entstehen, wie Bäume, von selbst. In der Einsamkeit ist es leichter für die Gedanken, einander in Ruhe zu lassen. Es liegt auf der Hand, daß der Versuch, Gedanken loszuwerden, fehlschlägt — *wer* sollte sie vertreiben? Wenn aber die Gedanken einander in Ruhe lassen, wird der Geist klar.

August 1970

DER LAUF DES WASSERS

Nach dem Regen kann man die ganze Nacht über den Gebirgsfluß in der Tiefe des Tales hören. Ohne sich drängen zu lassen, rauscht er mächtig herab. Aus der Ferne hört es sich an, als seufze er; von nahem murmelt und gluckst, zischt und gurgelt er. An immer gleichen Stellen bilden sich Strudel, kaum merklich verändern sie ihre Form, aber das Wasser strömt fort und fort.

Die voraneilenden Wasser, dic nachströmenden Wasser,
Jetzt und für immer im Fluß, folgen sie einander.

„Panta rhei", sagt Heraklit — alles fließt, und du kannst nicht zweimal in denselben Strom treten. Der Bewegungsfluß von Wasser, von Wind und Feuer ist augenfällig, so auch der Fluß der Gedanken. Weniger augenscheinlich ist der Bewegungsfluß von Erde und Felsen, aber auf die Dauer ist das Harte so flüssig wie das Weiche; Ströme und Wellen sind in nie endender Bewegung, und doch ruhen sie und klingen beruhigend, denn sie haben keine Eile, irgendein Ziel zu erreichen. Sie ziehen ja nirgendwohin.

Wenn ich in Betrachtung versunken am Fluß stehe, bin ich ziemlich reglos, und das dahinfließende Wasser gräbt eine Spur in mein Gedächtnis, so daß mir bewußt wird, wie flüchtig es ist im Vergleich zu meiner eigenen Festigkeit. Das ist natürlich ein Trugbild, ich selbst bin ja auch im Fluß und habe ebensowenig ein endgültiges Ziel — wer kann sich schon Endgültigkeit als Lebensform vorstellen? Mein Tod wird sein wie das Verschwinden eines Kräuselmusters im Wasser.

Mit allen Empfindungen, deren ich überhaupt fähig bin, in jeder möglichen Erfahrungsebene und -dimension finde ich nichts als ein Strömen. Frage ich mich, *was* da strömt, fällt mir keine Antwort ein, obwohl ich das bestimmte Gefühl habe, daß dieses „Es" — irgendeine Kraft, ein alles durchdringender Energiestrom — in allem fließt, in Felsen, Lichtfluten, Luftströmen, Bewußtseinswellen. Anders als Ton, der in diesem oder jenem Gefäß Gestalt annimmt, unterscheidet ,,es'' sich nicht vom Strömen und seinen Erscheinungsformen. Es ist nicht der Stoff, aus dem Wellen gemacht sind. Ich sehe einfach keine Möglichkeit, ,,es'' verstandesmäßig zu begreifen oder in Worte zu fassen, und das nicht so sehr in dem Sinne, als gäbe es tatsächlich ein undenkbares, übernatürliches Es, sondern weil es absolut keinen Weg gibt, sich ,,ihm'' gegenüberzustellen und seiner habhaft zu werden. Ich selbst, als das relativ beständige Zentrum aller meiner Erfahrungen, könnte natürlich jenes ,,Es'' sein. Aber dann liegt mein Selbst außerhalb meiner Reichweite, und je mehr ich versuche, es festzunageln, um so mehr verschmilzt es mit dem Strömen — den verschiedenen Impulsen und Spannungsformen, deren Unterscheidung von der Welt des Sichtbaren und Hörbaren außerhalb meiner selbst nur ein Akt der Willkür ist. Unternimmt dieses ,,Ich'' den Versuch, das Strömen abzublocken oder in irgendeiner Weise zu lenken, gerät es lediglich in einen unnützen Spannungszustand, der gewünschte Erfolg jedoch bleibt aus.

Aber dieses krampfhafte Schwimmen gegen den Strom wird leicht zur Gewohnheit, und die chronische Folge davon ist Frustration. Mein Wunsch, mit der Gewohnheit zu brechen, ist selbst nur eine Form der gleichen Verkrampfung, und die wiederum ist gleichbedeutend mit der elementaren Unfähigkeit, an ,,es'' heranzukommen. Wir sind alle wie Wahnsinnige, die mit dem Kopf durch die Wand gehen wollen, und unsere verzweifelten Versuche, die Welt zurechtzurücken und alle Geschehnisse, innen wie außen, unter Kontrolle zu bringen, sind die Ursache fast aller unserer Schwierigkeiten. Jeder *Zwang* ist ein Widerstand im Strom.

Überall machen Leute Pläne, wie sie die Welt oder sich selbst verändern können. Aber sie verändern dabei die Mißstände, die sie zu verhindern suchen, nur in Äußerlichkeiten, und es bleibt alles beim alten. Damit ist nicht gesagt, daß das menschliche Leben, der Lebensablauf, unabwendbar eine tragische Angelegenheit ist. Es heißt vielmehr, daß menschliches Leben — und Leben überhaupt — nicht harmonisch verläuft, wenn wir versuchen, Zwang anzuwenden und etwas anderes daraus zu machen, als es ist. Und das aus dem einfachen Grunde, weil wir von der Voraussetzung ausgehen, wir seien nur Fadenzieher und könnten nach Gutdünken über die Dinge verfügen, ohne selbst in Mitleidenschaft gezogen zu werden. In diesem Wahn werden wir durch den fast einhelligen Konsens der

von der Vergangenheit regiert wird und daß wir vergeblich die Spuren der Zeit zurückverfolgen, um die Entstehungsursache des Universums herauszufinden. Empfindliche Geräte und genaue Kalkulationen mögen ja Aufschluß geben über Jahrmillionen, aber am Ende verliert sich die Spur doch. Es hat also einmal einen Urknall gegeben ... und was war davor? Kinder gehen rein intuitiv der Sache auf den Grund und fragen: „Aber wer hat Gott gemacht?" Mach dir klar, daß Gott ewig ist, und wandle die Frage ein wenig ab: „Wer macht Gott?" Du.

Wenn du Gott als oberste Autorität verstehst, die die Welt am Urbeginn der Zeiten geschaffen hat, ist er ebenso eine Ausgeburt deines Geistes wie deine Vorstellung von dir selbst als Außenstehender im Strom deiner Lebenserfahrungen. Die Idee mag vielleicht vorzeiten von deinen Urahnen ausgeheckt worden sein, aber du hast sie einfach übernommen. Wenn dir jedoch bewußt wird, daß du nicht dieses traurige dumme Ego bist, das versucht, die Welt von außen zu lenken, dann wird Gott von einem ganz anderen „du" geformt. Dieses „du" verwirklicht Gott nicht nur, es *ist* Gott — obgleich es besser ist, angesichts der unvermeidlichen kriegerischen und autoritären Assoziationen, die der Name Gottes heraufbeschwört, vom Tao zu sprechen, von dem es heißt: „Das erklärbare Tao ist nicht das ewige Tao."

Von diesem veränderten Standpunkt aus erkennst du auch, in welchem Sinn du die Welt erschaffst, oder vielmehr, daß die Welt sich selbst erschafft. Der Wind wird erst dann durch die Bäume zum Rauschen, das Feuer wird erst in deinen Augen zum Licht. Dein Organismus, deine Sinne und Nerven statten die Welt mit allen ihren fühlbaren und meßbaren Eigenschaften aus — denn Felsen können nur bei Berührung mit weicher Haut als hart empfunden werden. Man könnte alle Weisheit und Erfahrung als einen im Schädel eingeschlossenen neutralen Zustand bezeichnen: das Gehirn empfängt und registriert nicht nur alle Eingaben als *input* der Sinnesorgane. Es hat auch selbst einen *Output*. Indem es strukturierend auf die Sinne und Nervenbahnen einwirkt, verändert es den *Input*, einem Harfenspieler vergleichbar, der den nach Tonleitern geordneten, stummen Saiten seines Instruments erst durch seine Zupftechnik eine bestimmte Melodie entlockt. Ebenso formt das Gehirn die sinnlich wahrnehmbare Welt, indem es an die Schwingungssaiten anrührt, die wir als wirkliche Außenwelt bezeichnen. Jedes Gehirn erspielt sich seine eigene von der Vergangenheit regiert wird und daß wir vergeblich die Spuren der Zeit zurückverfolgen, um die Entstehungsursache des Universums herauszufinden. Empfindliche Geräte und genaue Kalkulationen mögen ja Aufschluß geben über Jahrmillionen, aber am Ende verliert sich die Spur doch. Es hat also einmal einen Urknall gegeben . . . und was war davor? Kinder gehen rein intuitiv der Sache auf den Grund und fragen: „Aber wer hat Gott gemacht?" Mach dir klar, daß Gott ewig ist, und wandle die Frage ein wenig ab: „Wer macht Gott?" Du.

Wenn du Gott als oberste Autorität verstehst, die die Welt am Urbeginn der Zeiten geschaffen hat, ist er ebenso eine Ausgeburt deines Geistes wie deine Vorstellung von dir selbst als Außenstehender im Strom deiner Lebenserfahrungen. Die Idee mag vielleicht vorzeiten von deinen Urahnen ausgeheckt worden sein, aber du hast sie einfach übernommen. Wenn dir jedoch bewußt wird, daß du nicht dieses traurige dumme Ego bist, das versucht, die Welt von außen zu lenken, dann wird Gott von einem ganz anderen „du" geformt. Dieses „du" verwirklicht Gott nicht nur, es *ist* Gott — obgleich es besser ist, angesichts der unvermeidlichen kriegerischen und autoritären Assoziationen, die der Name Gottes heraufbeschwört, vom Tao zu sprechen, von dem es heißt: „Das erklärbare Tao ist nicht das ewige Tao."

Von diesem veränderten Standpunkt aus erkennst du leicht, in welchem Sinn du die Welt erschaffst, oder vielmehr, daß die Welt sich selbst erschafft. Der Wind wird erst durch die Bäume zum Rauschen, das Feuer wird erst in deinen Augen zum Licht. Dein Organismus, deine Sinne und Nerven statten die Welt mit allen ihren fühlbaren und meßbaren Eigenschaften aus — denn Felsen können nur bei Berührung mit weicher Haut als hart empfunden werden. Man könnte alle Weisheit und Erfahrung als einen im Schädel eingeschlossenen neuralen Zustand bezeichnen; das Gehirn empfängt und registriert nicht nur alle Eingaben als *Input* der Sinnesorgane: Es hat auch selbst einen *Output*. Indem es strukturierend auf die Sinne und Nervenbahnen einwirkt, verändert es den *Input*, einem Harfenspieler vergleichbar, der den nach Tonleitern geordneten, stummen Saiten seines Instruments erst durch seine Zupftechnik eine bestimmte Melodie entlockt. Ebenso formt das Gehirn die sinnlich wahrnehmbare Welt, indem es all die Schwingungssaiten anrührt, die wir als wirkliche Außenwelt bezeichnen. Jedes Gehirn erspielt sich seine eigene

Welt, und selbst Gehirne mit verwandten Strukturen würden sich in der Schwingungswahl unterscheiden und infolgedessen eine Welt erstehen lassen, die ganz anders wäre als die unsrige.

Nun ist das Gehirn selbst ein bestimmtes Schwingungsmuster innerhalb jener Außenwelt, ist einer ihrer Bestandteile, und der lebende Organismus als Ganzes ist ebenso funktionell unlösbar von diesem Gehirn wie von seiner Umgebung, einem System von Schwingungen, unter denen er die auswählt, die ihm das Gefühl vermitteln, lebendig zu sein. Darum bringen die besonderen Lebensbedingungen gerade dieses Planeten-, Sonnen- und Milchstraßensystems menschliche Organismen hervor, wie ein Baum Frucht trägt. Die Frucht umschließt schon den Samen eines anderen Baums gleicher Gattung. Was ist zuerst da, Frucht oder Baum? Stell dir vor, beides geschieht gleichzeitig — am Baum reift die Frucht und aus der Frucht wächst der Baum. Ebenso prägt das Gehirn die Umgebung und die Umgebung das Gehirn, eine etwas umständliche Erklärung dafür, daß beides in Wahrheit nur *ein einziger* Vorgang ist. (Der Organismus unterscheidet sich von seiner Umgebung, wie die eine Seite einer Möbius-Schleife sich von der anderen „unterscheidet": Auf Grund der Verdrehung berührst du beim Halten der Schleife mit Daumen und Zeigefinger doch nur ein und dieselbe Schleifenseite.)

Wie die Beziehung zwischen Organismus und Umgebung vollzieht sich die wechselseitige Erschaffung der Welt *jetzt*. Sicher, ringsumher stoßen wir ständig auf die Zeugen — eindrucksvolle Zeugen — von einer vergangenen Zeit, von Schwingungen, die dereinst einmal wachgerufen wurden, von uralten Hügeln und antiken Bauwerken. Diese Überbleibsel und Erinnerungsstücke beleben und formen sich jedoch neu aus den Schwingungen der Gegenwart. Folglich ist die Schöpfung kein einmaliger Akt in der Geschichte, durch den alles Spätere verursacht und bestimmt wäre. Sie geschieht *immer jetzt*, und die Vergangenheit schleppt sich träge und leblos hinter ihr her und hat nur soviel Einfluß auf die Gegenwart, wie wir ihr in unserer Verblendung zuschreiben — wir reaktivieren sie in der Hoffnung, die Geschichte könne ein Leitfaden für die Zukunft sein, und das ist gerade so, als würde man beim Autofahren ununterbrochen wie gebannt in den Rückspiegel starren. Die Geschichte aber hält uns unsere dauernden Mißerfolge bei dem Versuch, den Strom von außen her zu lenken, vor Augen — eine monotone Kette von Selbsttäuschungen, die im-

道可道
非常道

IM EINKLANG MIT DEM TAO

Die chinesischen Schriftzeichen, die ich auf diese Seite geschrieben habe, sind die Einleitungsworte zum *Buch des Alten vom Sinn und vom Leben,* besser bekannt als Laotses *Tao Te King.* Ich kann nicht besonders gut chinesisch schreiben; ein Orientale merkt auf den ersten Blick, daß meine Schriftzeichen von einem Westler stammen. Immerhin, manchmal wird mir gesagt, meine Pinselführung sei recht gut (für einen Westler), und die jungen Japaner, die inzwischen Kugelschreiber statt Pinsel benutzen, behaupten sogar, ich schriebe außerordentlich gut. Aber das sind ausgesprochen höfliche Leute, und obgleich ich schon seit vielen Jahren mit Tusche und Pinsel spiele, bin ich mir sehr wohl darüber im klaren, daß meine Technik in keiner Weise an die großer Meister heranreicht.

Trotzdem habe ich immer eine Vorliebe für die chinesische Schrift gehabt. Jedes Zeichen oder Ideogramm ist ein abstraktes Bild von irgendeinem Teil des Naturgeschehens — das heißt vom *Tao,* dem Weg oder Weltenlauf. Übersetzt man es wörtlich ins Deutsche, liest sich das Chinesische wie ein Telegramm. ,,*Tao* kann *tao* nicht ewiges *Tao*'' oder ,,Weg kann sprechen-über nicht ewiger Weg''. Im Vergleich zu Englisch, ganz besonders aber zu Deutsch und Japanisch, ist Chinesisch der schnellste und kürzeste Weg, etwas zu formulieren, sei es in Wort oder Schrift. Es besteht die vage Möglichkeit, daß Mao Tse-tungs Volk sich einer alphabetischen Schreibweise zuwendet, und dann wird es ins Hintertreffen geraten, denn wie eines seiner Sprichworte besagt: ,,Ein Bild wiegt tausend Worte auf.''

Schon die profanen Vorgänge des Schreibens sind ein ästhetischer Genuß. Erforderlich ist ein zugespitzter Pinsel mit Bambusstiel, dessen Haare leicht mit Leim getränkt sind. Diese Pinsel gibt es in einer prächtigen Vielzahl von Arten und Größen — von dünnen Zweiglein, mit denen man spinnenbeinfeine Zeichen schreiben kann, bis hin zu gewaltigen, zehn Zentimeter dicken Schrubbern zum Plakatmalen. Die dazugehörige Tusche kommt in harten flachen Stäben, die in der Hauptsache aus Kohle, Leim und Parfüm bestehen und mit Reliefs von Drachen in den Wolken oder Bambus am Wasser geschmückt sind, wenn nicht statt dessen der Markenname in goldenen Schriftzeichen darauf prangt. Ein feiner alter Tuschestab chinesischer oder koreanischer Herkunft kostet auf dem japanischen Markt unter Umständen über 1000 Mark — ich spreche von einem kleinen schwarzen Gegenstand, der kaum größer ist als 15 x 5 x 2 cm. Warum? Weil es ein ästhetisches und meditatives Vergnügen ist, eine gute Tusche auf einem Tintenstein flüssig zu reiben, einem für gewöhnlich rechteckigen schwarzen Block mit abgerundeten Ecken, der wie ein kleiner Swimming-Pool aussieht und an einem Ende eine kurze, tiefe Wanne hat, die zum anderen Ende hin breit und flach ausläuft. Auf diesen Stein wird Wasser gegossen und dann auf der flachen Seite der Vertiefung sanft und mit Gefühl der Tuschestab gerieben, bis die Mischung genau die richtige Konsistenz und Farbe hat. Bei Licht besehen muß der schwarze Farbstoff blau schimmern, und der Tuschestab muß gewissermaßen angenehm glitschig durchs Wasser gleiten. Das Reiben dauert mindestens fünfzehn Minuten, und durch den aufsteigenden Duft des Sandel- oder Aloeholzes wird der Künstler oder Kalligraph in einen der Arbeit würdigen Gemütszustand versetzt. Tuschereiben ist eine Form des Zazen, der zenbuddhistischen Meditation, in der das verbale, begriffliche Denken zeitweilig aufgehoben ist. Mittelmäßige Künstler lassen sich die Tusche von ihren Gehilfen reiben. Pfuscher benutzen fertige Flaschentusche.

In Kyoto gibt es eine Straße mit Namen Tera-machi (d.h. Tempel-Straße), wo man in winzig kleinen Läden Geräte für die Tee-Zeremonie, antikes Töpferwerk, Rosenkränze, Pilze, Bücher aus zweiter Hand und den besten Tee der Welt kaufen kann. Außerdem existiert dort eine Kneipe nach britischem Vorbild. Im größten Geschäft der Straße jedoch werden Schriftpinsel, Tusche, feines Papier und Räucherstäbchen verkauft. Das ist eines meiner Paradiese, und wann immer ich nach Kyoto komme, zieht es mich sofort dahin, und ich erstehe Aloeholz (das, wie Dr. Suzuki mir gesagt hat, den ,,wahren Duft des Buddhismus'' ausströmt), Tusche und Pinsel. Ich kann der Versuchung einfach nicht widerstehen. Letztes Mal habe ich einen kleinen Stab zinnoberrote Tusche mit Blattvergoldung gefunden. Sie sollte frühmorgens auf einem Fensterbrett gerieben werden, mit einem Tautropfen anstelle des Wassers.

ren ist und die im Chinesischen als *feng-liu*, im Japanischen als *furyu* bezeichnet wird, was soviel wie „mit dem Wind strömen oder treiben" bedeutet. Dieser Begriff wird auch mit „Eleganz" übersetzt, allerdings nicht sehr treffend, da sich eine elegante Person hierzulande oft durch übertriebenen Schick auszeichnet und eine Atmosphäre hochmütiger Arroganz verbreitet — wohingegen der chinesische Dichter gelegentlich auf liebenswürdige Art betrunken ist, ziellos in den Bergen umherwandert und über fallendes Laub lacht. Man kann sich denken, daß diese Sorte Mensch im heutigen China nicht am Platze ist. Aber sie hat einen würdigen Vertreter in Pu-tai, dem fetten lachenden Tramp-Buddha mit seinem knorrigen Stock und dem riesigen Sack voller Plunder, aus dem er Überraschungen an die Kinder verteilt.

Dichter wie Su Tung-p'o und Tu Fu wären unserm Verständnis nach schon mehr auf Seiten der Eleganz. Sie gaben sich an behaglichen Nachmittagen dem Genuß des Teetrinkens hin; dazu wurde der feinste Tee mit reinem, klarem Brunnen- oder Quellwasser auf sorgfältig ausgewähltem Feuerholz gekocht und in Porzellan- oder Keramikschalen mit jadegrüner Glasur serviert. Es geht auch einfacher: Ein junger amerikanischer Buddhist, der sich aufmachte, in Japan einen besonders heiligen und wundertätigen Einsiedler in den Bergen ausfindig zu machen, bekam, nachdem er ihn endlich unter großen Mühen gefunden hatte, eine Schale heißes Wasser ohne Teeblätter geboten... Er wußte die hohe Ehre, die ihm zuteil wurde, zu schätzen. — Der Philosoph und Orientalist Frederic Spiegelberg besuchte einst auf einer Insel nahe Hongkong einen Pu-tai-ähnlichen Eremiten. Als er als amerikanischer Universitätsprofessor vorgestellt wurde, dessen durch ein Rockefeller-Stipendium finanzierte Reise das Ziel hatte, herauszufinden, ob die religiöse Überlieferung in Asien noch lebendig sei, fing der Weise leise an zu kichern, und das Kichern steigerte sich zu einem schallenden Gelächter, bis seine sämtlichen schwabbeligen Körpermassen wie Aspik zitterten. Das war das Ende des Interviews.

Ein taoistischer Weiser aus alter Zeit, seinen Namen habe ich vergessen, wurde vom chinesischen Kaiser aufgefordert, Berater bei Hofe zu werden. Er lehnte das Angebot mit ausgesuchter Höflichkeit ab, aber als die Gesandtschaft gegangen war, wusch er sich seine Ohren — und auch die des Esels, auf dem er für gewöhnlich ritt. Ferner geht die Rede von eiren ist und die im Chinesischen als *feng-liu,* im Japanischen als *furyu* bezeichnet wird, was soviel wie ,,mit dem Wind strömen oder treiben'' bedeutet. Dieser Begriff wird auch mit ,,Eleganz'' übersetzt, allerdings nicht sehr treffend, da sich eine elegante Person hierzulande oft durch übertriebenen Schick auszeichnet und eine Atmosphäre hochmütiger Arroganz verbreitet — wohingegen der chinesische Dichter gelegentlich auf liebenswürdige Art betrunken ist, ziellos in den Bergen umherwandert und über fallendes Laub lacht. Man kann sich denken, daß diese Sorte Mensch im heutigen China nicht am Platze ist. Aber sie hat einen würdigen Vertreter in Pu-tai, dem fetten lachenden Tramp-Buddha mit seinem knorrigen Stock und dem riesigen Sack voller Plunder, aus dem er Überraschungen an die Kinder verteilt.

Dichter wie Su Tungp'o und Tu Fu waren unserm Verständnis nach schon mehr auf Seiten der Eleganz. Sie gaben sich an behaglichen Nachmittagen dem Genuß des Teetrinkens hin; dazu wurde der feinste Tee mit reinem, klarem Brunnen- oder Quellwasser auf sorgfältig ausgewähltem Feuerholz gekocht und in Porzellan- oder Keramikschalen mit jadegrüner Glasur serviert. Es geht auch einfacher: Ein junger amerikanischer Buddhist, der sich aufmachte, in Japan einen besonders heiligen und wundertätigen Einsiedler in den Bergen ausfindig zu machen, bekam, nachdem er ihn endlich unter großen Mühen gefunden hatte, eine Schale heißes Wasser ohne Teeblätter geboten. . . Er wußte die hohe Ehre, die ihm zuteil wurde, zu schätzen. — Der Philosoph und Orientalist Frederic Spiegelberg besuchte einst auf einer Insel nahe Hongkong einen Pu-tai-ähnlichen Eremiten. Als er als amerikanischer Universitätsprofessor vorgestellt wurde, dessen durch ein Rockefeller-Stipendium finanzierte Reise das Ziel hatte, herauszufinden, ob die religiöse Überlieferung in Asien noch lebendig sei, fing der Weise leise an zu kichern, und das Kichern steigerte sich zu einem schallenden Gelächter, bis seine sämtlichen schwabbeligen Körpermassen wie Aspik zitterten. Das war das Ende des Interviews.

Ein taoistischer Weiser aus älterer Zeit, seinen Namen habe ich vergessen, wurde vom chinesischen Kaiser aufgefordert, Berater bei Hofe zu werden. Er lehnte das Angebot mit ausgesuchter Höflichkeit ab, aber als die Gesandtschaft gegangen war, wusch er sich seine Ohren — und auch die des Esels, auf dem er für gewöhnlich ritt. Ferner geht die Rede von einem chinesischen Zen-Priester, der als großer Maler berühmt war, der sich jedoch im Gegensatz zu anderen Priestern sein Haar lang wachsen ließ. Wenn er ordentlich betrunken war, tunkte er sein Haar in eine Schale Tusche und schleifte es daraufhin über eine Rolle Papier. Am nächsten Tag pflegte er dann eine Art Rorschach-Test durchzuführen und Bilder von Bergen, Flüssen und Wäldern aus seinem Gekleckse herauszulesen, die nur weniger Pinselstriche bedurften, um für alle sichtbar in Erscheinung zu treten. Und als ich einmal bei dem Künstler und Drucker Saburo Hasegawa zur Tee-Zeremonie eingeladen war, machte er mich auf die fragile Schönheit von Zigarettenasche auf einer Keramik aufmerksam, die wir als Aschenbecher benutzten.

Das alles sind flüchtig entworfene Skizzen, um etwas von der Atmosphäre zu vermitteln, die dort entsteht, wo etwas im Einklang mit dem Tao ist. Das zugrundeliegende Prinzip ist selbst unseren Surfern bekannt, von denen einige sehr wohl wissen, daß ihr Sport eine Art Yoga oder taoistische Meditation ist und daß die ganze Kunst darin besteht, vollkommen ein Teil der Elemente zu werden und daraus ungeahnte Energien zu schöpfen. Diesem Hingeben an das Wasser, dem Einswerden mit dem Element, entspricht das Prinzip des *wu-wei.* Denn, wie Laotse sagt: „Schwerkraft ist die Quelle der Leichtigkeit."

10. Juli 1970

Es war ein Glück, daß gerade zu dieser Zeit führende Wissenschaftler, Philosophen und verantwortungsbewußte Staatsmänner aller Welt mit eindringlichen Aufrufen an die Vernunft der Politiker und Streitsüchtigen appellierten. Sie sagten mit größtem Ernst eine ökologische Krise voraus und beschworen damit beinahe eine weltweite Panik herauf. Unübersehbare Gefahren drohten von einer vielköpfigen Überbevölkerung, von gänzlich unzureichender Nahrungsmittelproduktion und Wasserversorgung, von Erosion, Luft- und Wasserverschmutzung, von Entwaldung, Nahrungsmittelvergiftung und der völlig aus dem Gleichgewicht gebrachten Natur, und im Vergleich dazu wirkten Rassenkonflikte und ideologische oder nationale Streitereien wie kindisches Theater. Spätestens 1974 sah auch der letzte ein, daß alle aufwendigen Militär- und Raumfahrtprojekte gestrichen werden mußten, um sämtliche Energien darauf zu richten, die Menschheit zu ernähren und die Welt zu reinigen. Wäre das nicht geschehen, säße ich heute nicht hier, um dies für euch zu schreiben. Die Zivilisation hätte das Jahr 1990 nicht überlebt und mit Sicherheit nicht den heutigen Entwicklungsstand erreicht. Sind wir nicht ein gutes Stück weitergekommen in unserem Bemühen, aller Welt klarzumachen, daß ,,der natürliche Zustand des Menschen das ekstatische Staunen ist''?

Zu eurer Zeit war Ekstase noch ein seltenes Phänomen, flüchtig und unausgereift. Ich will einmal versuchen, zu definieren, was ich darunter verstehe. Ekstase ist das Gefühl, sich Schwingungen und manchmal auch Erkenntnissen auszuliefern, die uns aus unserm sogenannten Ich herausheben. Im großen und ganzen ist das ,,Ich'' als direkte Erfahrung nichts weiter als eine chronische neuromuskuläre Spannung — ein gewohnheitsmäßiger Widerstand gegen den Pulsschlag des Lebens; nicht-ekstatische Menschen kann man deshalb zutreffend als ,,zurückhaltend'' oder ,,verklemmt'' beschreiben. Freud prägte dafür den Begriff des analfixierten Typs, der häufig an Impotenz und Frigidität leidet, weil er Angst hat, sich den spontanen Rhythmen der Natur zu überlassen. Ein solcher Mensch empfindet sich als getrennt von der Natur oder sogar ihr entgegengesetzt, und in der Zivilisation sieht er ein Bollwerk gegen die Spontaneität. Aus dieser Haltung, die noch dazu von einer gewaltigen Technologie untermauert wurde, resultierte zweifellos die ökologische Krise der frühen siebziger Jahre; wir, die wir den Fehler erkannt haben, kultivieren jetzt die Ekstase so, wie wir ehemals Bildung und Moral kultiviert haben.

Nun brauchst du aber nicht zu denken, wir wären eine Gesellschaft von Lotusessern und würden uns nur noch auf den Polstern der Faulheit herumräkeln oder schönen Frauen huldigen. Ekstase geht tiefer, führt höher hinauf als die gewöhnliche Freude, und nur wenige Hippies erkannten, daß sie nicht anders als durch besondere Disziplin und Geschicklichkeit zu erlernen sei, ähnlich wie etwa die Kunst des Segelns. Wie der Segler nicht gegen den Wind angeht, leisten wir auch keinen Widerstand gegen die Schwingungen, Wellen und Rhythmen der Natur. Wenn aber der Segler sein Segel zu setzen versteht, kann er sich den Wind zunutze machen und sein Boot steuern, wohin er will. Die Kunst des Lebens ist für uns reine Navigation.

Ekstase ist jenseits der Freude. Normalerweise stellt man sich das Regenbogen-Spektrum des Lichts als ein Band vor, dessen Farben von Rot an einem Ende bis ins Violette am andern Ende spielen. Dabei übersieht man im allgemeinen, daß Violett eine Mischung aus Rot und Blau ist. Besser als durch ein Band könnte das Spektrum deshalb durch einen Ring konzentrischer Kreise dargestellt werden, dessen innerster, blendender Kreis aus hellem Gelb sich dem weißen Licht annähert. Das wäre ein Bild der Ekstase. Zwei Wege führen zu ihr hin, die beide vom Violett ausgehen: der eine durch die Blau- und Grüntöne der Freude und der andere durch die Rot- und Orangetöne des Schmerzes. Das erklärt, warum Ekstase auch im Kampf, durch asketische Selbstkasteiung und die vielen Arten sadomasochistischer Sexualität erreicht werden kann. Diesen Weg nennen wir den negativen Weg oder den Weg der linken Hand. Der positive oder rechtshändige Weg ist der der tätigen Liebe und Lebensbejahung. Beide Wege führen zum selben Ziel. Deswegen mischen sich in der Ekstase Freude und Schmerz, so daß man vor Freude weint oder mitten im höchsten Gefühl des Orgasmus schmerzlich berührt ist.

Darum kann man die reine Ekstase nicht lange ertragen, wie ja auch Gott in der Bibel sagt: „Mein Angesicht kannst du nicht sehen; denn kein Mensch wird leben, der mich sieht." Aber wenn wir uns oft genug in die Ekstase versenken, verändert sich auch unser normales Bewußtsein: Die alltägliche Welt wird leuchtend und transparent. Der chronische neuromuskuläre Widerstand gegen die Welt verschwindet, so daß man nicht länger das Gefühl hat, seinen Körper wie eine Last mit sich herumzuschleppen. Man fühlt sich leicht, nahezu schwerelos, und merkt, daß man länger das Gefühl hat, seinen Körper wie eine Last mit sich herumzuschleppen. Man fühlt sich leicht, nahezu schwerelos, und merkt, daß man mit dem Planeten eins ist, freischwebend im Weltenraum. In etwa gleicht die Erfahrung dem glücklichen, gelösten, kraftvollen Gefühl, das sich nach einem herrlichen Liebeserlebnis am hellichten Tage einstellt.

Aber nun zurück zur Geschichte. Ihr werdet euch erinnern, daß schon im Jahre 1968 der Lebensstil der Hippies, allerdings in sehr oberflächlicher Weise, Mode zu werden begann. Zunehmend wurden lange Haare und Bärte auch bei Börsenmaklern, Doktoren, Professoren und Werbeleuten „in". Immer mehr Männer und Frauen trugen farbenfrohe, psychedelische Kleidung, und selbst in den höchsten Gesellschaftsschichten machte sich ein neuer, freier Lebensstil bemerkbar. Weniger bekannt war die Tatsache, daß sich auch in diesen Kreisen viele an Marihuana und LSD versuchten, und die Überraschung war groß, als dann etliche erfolgreiche Geschäftsleute „ausstiegen", weil sie vom Streß und den zweifelhaften Vorteilen einer strammen Lebenshaltung die Nase voll hatten.

Gleichzeitig fing eine neue Generation von Filmemachern und Stückeschreibern an, sich für die verschiedenen Aspekte des Hippiedaseins und die noch ziemlich vage, undifferenzierte Revolution der Jugend gegen die erstarrte Kultur zu interessieren. Männer und Frauen, die ihr Metier, die Kamera- und Bühnentechnik, gründlich beherrschten, brachten phantasievolle Disziplin in die Suche nach der Ekstase. Sie hatten schnell erkannt, daß sich bei den Unter-Dreißigjährigen ein stetig wachsender Markt für sie auftat, und machten sich zum Sprachrohr der Jugend, indem sie deren unbestimmte Sehnsüchte und Ziele ebenso präzise wie detailliert zum Ausdruck brachten. Anstelle der alten Sex- und Pornofilme schufen sie elegante Meisterwerke erotischer Kunst. Sie waren gelehrige Schüler im Sensitivitäts-Training und in *Encounter*-Gruppen — neuen Disziplinen, die in Kalifornien und New York entstanden waren und sich bereits zu Beginn des Jahres 1969 in etwa vierzig Zentren über die gesamten USA und Kanada verbreitet hatten. Hier lernten sie zu unterscheiden zwischen wirklich spontanem Verhalten und einer künstlichen Imitation jener Verhaltensweisen, die man bei Leuten erwartet, die von allen Hemmungen befreit sind.

Des besseren Verständnisses halber muß ich hier etwas weiter ausholen. In den Encounter-Gruppen, die seinerzeit entstanden, wurden die Teilnehmer dazu angehalten, in entsprechenden Situationen echte Gefühle sich selbst und anderen gegenüber zum Ausdruck zu bringen, und dabei war außer physischer Gewaltanwendung alles erlaubt. Eine Variante dazu bildete das Encounter-Marathon, bei dem die Gruppe 48 Stunden zusammenblieb und die Teilnehmer manchmal nackt waren, um den Mut zur totalen Bloßstellung vor den anderen zu fördern. Aber bei den ersten Tests und Versuchen war bald zu bemerken, daß so mancher Offenheit und Natürlichkeit vorspielte oder sogar Feindseligkeit vortäuschte, um nur ja besonders echt zu wirken. Die wenigsten Leute waren sich wirklich über ihre natürlichen Gefühle im klaren. Die meisten verhielten sich so, wie es ihren Vorurteilen und Vorstellungen von einem natürlichen, ungehemmten Verhalten entsprach, und das führte oft zu bloßer Grobheit und Unbeherrschtheit. Deshalb wurde die Encounter-Gruppe durch das Sensitivitäts-Training ergänzt. Sensitivitäts-Training ist die Kunst, alle Vorstellungen, wie man empfinden *sollte,* zugunsten seiner *wahren* Empfindung aufzugeben — um wieder zur reinen Erfahrung vorzustoßen, die frei ist von allen Vorurteilen und vorgefaßten Meinungen. Statt nach etwas zu suchen, was sein sollte oder könnte, richtet man sein Augenmerk ausschließlich auf das, was *jetzt* abläuft. Das bringt natürlich äußerst befremdliche Erfahrungen für denjenigen mit sich, dessen soziale Interaktionen sich auf ein begrenztes Repertoire gut einstudierter Rollen beschränken.

Die neue Generation der Regisseure und Dramaturgen übertrug Erfahrungen aus Sensitivitäts-Training und Encounter auf Bühne und Filmleinwand. Sie durchbrach die Barriere zwischen Bühne und Zuschauerraum; das Theater war kein reines Schauspiel mehr, sondern wurde zu einer Erfahrung, an der alle beteiligt waren. Aus den primitiven Light-shows der sechziger Jahre entwickelten sich Filme von hohem künstlerischen Rang, die das Publikum in eine Welt aus Rhythmen und Mustern, aus Licht und Klang versenkten. Die Regisseure der frühen Achtziger benutzten als Leinwand geodätische Kuppeln, unter denen die Zuschauer tanzten, während über ihnen und ringsumher paradiesische Filme abliefen: Nahaufnahmen von schillernden Seifenblasen, zum Leben erweckte persische Miniaturen und Arabesken, riesige Vergrößerungen von Einzellern und Strahlentierchen, Innenansichten von raffiniert geschliffenen Juwelen, die sich in Landschaftsbilder verwandelten, Teppiche aus Farnen, Blumen und Laubwerk, gigantische Schmetterlingsflügel, tibetanische Mandalas, Visionen der Welt aus der Fliegenperspektive und eigene Phantasien, die sich trotz aller Klarheit der Farbe und Form jeglicher Beschreibung entzogen. Die Aufführungen waren mitreißend, hypnotisch und von unwiderstehlichem Reiz. Selbst den nüchternsten Quadratschädeln ging es dabei so wie jenen ukrainischen Bauern des neunten Jahrhunderts, die sich bei der Besichtigung der Hagia Sophia in Konstantinopel bereits im Himmelreich wähnten.

Vor allem erreichte das neue Theater, daß kaum einer sich noch halten konnte vor Lachen über die Ansichten und Verhaltensweisen der verklemmten Welt von Krawattenträgern. Das führte dazu, daß es bald auch außerhalb des Theaters unmöglich wurde, vor einem jugendlichen Publikum Reden zu halten, Moral zu predigen oder Phrasen zu dreschen. Die Zuhörer reagierten in der Regel mit Hohn und Spott oder hatten — noch beunruhigender — ein Lächeln in den Augenwinkeln, das zu fragen schien: „Willst du uns eigentlich zum besten haben?" Diese Entwicklungen bei Film und Bühne hatten viel mit den kurz darauf folgenden Fortschritten in der Psychotherapie zu tun. Hier wurde der Grundstein gelegt für eine Kunst und Wissenschaft der Ekstase, die heute mit einem nicht sehr schönen Wort als *Ekstatik* bezeichnet wird.

Anfang 1974 stellten zwei Psychiater — Roseman aus Los Angeles und Kotowari aus Tokyo, damals an der Universität von L.A. — eine neue Technik vor, die heute als Vibrationstraining bekannt ist. Wie den meisten ehrlichen Psychiatern war ihnen klar, daß sie mit ihren herkömmlichen Methoden nur an der Oberfläche kratzen konnten und daß sie einen Berg alter Vorstellungen, Hypothesen und Verfahren mit sich herumschleppten, die im großen und ganzen der wissenschaftlichen Weltanschauung des späten neunzehnten Jahrhunderts entstammten, weil sie Geist oder Psyche in Begriffen der Newtonschen Mechanik zu verstehen suchten. Roseman und Kotowari führten aus, daß die Grundlage aller Erfahrung ein komplexes Gewebe aus Schwingungen verschiedener Wellenlängen, Qualitäten und Dimensionen sei. Wie sich weißes Licht aus den sieben Farben des Spektrums zusammensetzt, so steht hinter dem Gesamtspektrum der Schwingungen jenes geheimnisvolle E ($= mc^2$). Nach Ansicht der beiden Psychiater ist ein neugeborenes Kind ein Vibrationsspektrum, das sich auf besondere und partielle Weise seiner selbst bewußt wird, nie vollkommen, weil ja die menschlichen Sinne keineswegs für alle bekannten Arten von Schwingungen empfänglich sind. (Wir nehmen zum Beispiel keine Infrarot- oder Gammastrahlen wahr.) Für den Säugling sind diese Schwingungen weder sinnvoll noch sinnlos, sondern sie sind ganz einfach da. Ihm stellt sich noch nicht das Problem, über die einen weinen oder die anderen lachen zu müssen, denn niemand hat ihm bis jetzt beigebracht, welche Schwingungen gut und welche schlecht sind. Unkritisch nimmt er alles in sich auf und hat nicht die leiseste Ahnung davon, daß eine Trennung zwischen ihm und dem anderen bestehen könnte.

Mit der Zeit jedoch wird ihm von seinen Eltern und Geschwistern beigebracht, was das ganze Theater um ihn herum zu bedeuten hat. Durch Gesten, Mimik und Worte machen sie ihm klar, was „Baby" ist und was „Mieze". Wenn er sich übergibt oder seine Windeln beschmutzt, sagen sie „pfui". Wenn er an seiner Flasche nuckelt oder seinen Brei ißt, sagen sie: „Braves Kindchen!" Sie zeigen Freude, wenn er lächelt, Ärger, wenn er schreit, und Sorge, wenn er Fieber hat oder blutet. Nach einer gewissen Zeit hat er begriffen, wie *sie* die Schwingungen und ihre Auswirkungen interpretieren, und er hat sich auch gemerkt, daß sie dem Versuch, die Schwingungen in irgendeiner anderen Weise zu deuten, entschiedenen Widerstand entgegensetzen. Fragt das Kind zum Beispiel, wie eine ihm deutlich sichtbare trockene Stelle inmitten einer Milchlache auf dem Tisch heißt, dann antworten sie ihm: „Oh, das? Das ist nichts." Sie haben ganz entschiedene Ansichten darüber, was sich zu bemerken lohnt und was nicht, wann Herumwackeln erlaubt und wann es verboten ist, welche Gerüche gut sind und welche schlecht (die meisten sind schlecht). Dem Kind fehlt jede Basis, von der aus sich diese Interpretation der Schwingungen anzweifeln ließe. Während es heranwächst, legt es sich allmählich auf das eingefahrene Interpretationssystem seiner Lehrer fest.

Aber haben sie ihm auch die richtige, beziehungsweise einzig mögliche Interpretation des Systems gegeben? Sie haben sie ja von ihren Eltern übernommen und diese wiederum von ihren Eltern usw. bis in alle Ewigkeit, und wer hat sich jemals ernsthaft die Mühe gemacht, die Sache zu überprüfen? Wir könnten so grundlegende Fragen stellen wie: Existieren Vergangenheit und Zukunft *wirklich?* Ist Überleben tatsächlich so wichtig? Gibt es einen echten Unterschied zwischen willkürlichen und unwillkürlichen Reaktionen (und wie ist es mit dem Atmen)? Unterscheiden sich männliches und weibliches Verhalten in Gestik und Sprache notwendigerweise so, wie wir vermuten? In welchem Maße wird die wirkliche Welt nur von uns auf die Schwingungen projiziert? Stell dir vor, du liegst im Bett und dein Blick ruht auf einem Chintz-Vorhang, der mit klatschigen Rosen bedruckt ist. Plötzlich erscheint ein Gesicht in dem Muster. Wie gebannt starrst du weiter auf die Stelle, und ohne dein Zutun bildet sich um das Gesicht herum ein passender Hintergrund. Je länger du hinsiehst, um so klarer wird das Bild, bis es die Schärfe einer Fotografie hat. Könnte es sein, daß wir in ähnlicher Weise durch alle unsere Sinne eine kollektive Projektion in die Schwingungen hineinlegen und das dann als lautere Wahrheit an unsere Kinder weitergeben?

So weit gingen die Ideen von Roseman und Kotowari allerdings nicht. Sie wollten vor allem darauf hinweisen, daß unsere Vorstellungen von der Welt viel zu starr sind und unsere neuromuskulären Reaktionen auf die Schwingungen äußerst unelastisch, mit anderen Worten, daß wir uns mit völlig unnötigen defensiven Verhaltensmustern ermüden und frustrieren. In einem eigens von ihnen entworfenen Versuchsraum konnten alle Arten von Schwingungen simuliert werden. Dort begannen sie eine Testreihe, in deren Verlauf sie sich selbst und ein paar ausgewählte Freiwillige den verschiedensten Formen von Schwingungen mit niedriger Spannung aussetzten, die wir normalerweise als unangenehm empfinden. Dazu gehörten beispielsweise Kitzelgefühle auf unterschiedlich empfindlichen Hautpartien, Schlingerbewegungen eines Schiffes bei rauhem Wetter, langsam auf die Stirn fallende Wassertropfen, das Geräusch von Fingernagelgekratze auf einer Schiefertafel, das Quietschen von Rädern, disharmonische Klänge, nervtötende, aufreizend leiernde Melodien, Klogeräusche, ölig-falsche oder krächzende Stimmen mit unangenehmem Akzent, Stöhnen, Weinen, Schreie, manisches Gelächter und schließlich alle möglichen elektronisch erzeugten Torturen wie kaltes Schaudern, qualvolle Nadelstiche und völlig unbeschreibliche Geräusche. Zu Beginn der Sitzung wurde die jeweilige Versuchsperson in eine leichte Hypnose versetzt und aufgefordert, jeder Schwingung einfach nur nachzugeben und dabei dem Organismus in all seinen natürlich scheinenden Reaktionen völlige Freiheit zu lassen. Wenn zum Beispiel einer der Reize die Versuchsperson dazu veranlaßte, sich zu krümmen und zu winden, sollte sie sich nach Herzenslust krümmen und winden und wirklich ganz darin aufgehen.

Wie zu erwarten stand, kamen die Leute schnell auf den Geschmack dieser bisher für tabu gehaltenen Schwingungen. Sie entwickelten ungehemmte, oft konvulsivische Reaktionen darauf, die mehr und mehr erotischen und manchmal ekstatischen Charakter annahmen. Die Versuchsleiter ergänzten nun die hörbaren und fühlbaren Schwingungen noch durch sichtbare: stroboskopisches Licht, aufregende Farbfilme vom freien Fall durch den Raum, von widerlichen Schmutzhaufen mit dazu passenden Gerüchen, von Explosionen, sich nähernden Wirbelstürmen, schrecklichen Spinnen, grauenhaften Fratzen und von Menschen, die durch endlose kristalline Gänge laufen, als hätten sie sich im Labyrinth des Gehirns verirrt. Dann probierten sie es mit elektronisch erzeugten schwachen Schmerzimpulsen, wobei sie sich auf Grantly Dick-Reids Entdeckung stützten, der Wehenschmerz sei als eine Art orgiastischer Spannung zu verstehen. Sie stellten fest, daß die Versuchspersonen mit der Zeit ziemlich starke Schmerzreize ertragen konnten, denn obgleich sie sich krümmten und hemmungslos schrien, gaben sie kein Stoppsignal.

Die Forscher arbeiteten unter anderm auch mit einer 24-Kanal-Stereoanlage, die aus vierundzwanzig Lautsprechern die Versuchspersonen von allen Seiten mit emotionsgeladener Musik berieselte. Zudem hatten sie Geräte, mit denen sie alle Arten von Parfüm und Weihrauch, natürliche Blumendüfte und die würzigen Gerüche von Gärten, Feldern und Wäldern erzeugen konnten. Sie führten exquisite und in kindlicher Unschuld gespielte erotische Filme vor, filmten Kaleidoskopmuster aus Edelsteinen, schillernde, wabernde Rauchgebilde und Phantasienachbildungen von unglaublich riesenhaften Tempeln und Palästen mit reichverziertem Gitterwerk und vielfarbigen Skulpturen. Begleitet von visuellen, oralen, olfaktorischen und kinästhetischen Stimuli wurde die Versuchsperson durch weitläufige Innenhöfe, Gärten, Wandelgänge, Säulenhallen und Altarräume geführt, zur Musik von Engelschören, schmetternden Trompeten, dunklen Glocken, Gongs, unirdischen Gesängen und Hymnen, bis die Reise im Allerheiligsten ihren Höhepunkt erreichte, wo dem Wanderer eine Göttin von gewinnender Schönheit entgegentrat oder ihn eine Aureole strahlenden Lichtes aufnahm, in der er sich verlor — um sich wiederzufinden in körperlosem Schweben durch leuchtend blauen Himmel, einer Seemöwe gleich. Dieser Klimax war manchmal von einer elektrischen Stimulation der Lustzentren des Gehirns begleitet.

Während alledem lag die Versuchsperson in einem geräumigen, neutralen Zimmer, dessen Wände in jeder gewünschten Weise durch Lichtprojektionen verändert werden konnten. Alle Maschinen und Geräte waren soweit als möglich in Nebenräumen untergebracht und für die Beteiligten unsichtbar. Die freiwilligen Teilnehmer einer solchen Versuchsreihe stellten fest, daß sich ihre Reaktionen auf das normale, alltägliche Schwingungssystem völlig veränderten. Fast alle Verfestigungen und Verspannungen lösten sich, denn auf Grund der gelernten Neuinterpretation konnten sie jetzt auch Schwingungsreize als positiv empfinden, die sie bisher mit Angst, Furcht, Sorge, Niedergeschlagenheit, Scham und Schuldgefühl erfüllt hatten, außerdem einen beträchtlichen Anteil dessen, was ihnen vorher als Schmerz erschienen war.

Es war, als hätte man von seiten der gesamten wissenschaftlichen Elektronik bis dahin nur auf diese wichtige Aufgabe gewartet. Elektronikspezialisten aus aller Herren Länder meldeten sich mit Verbesserungsvorschlägen bei Roseman und Kotowari oder erbaten sich Informationsmaterial, und es dauerte nur wenige Monate, bis in Städten rings um den Erdball ähnliche Zentren entstanden. Kurz darauf begannen große Firmen wie Bell Telephone und Varian Associates, miniaturisierte und serienreife Versionen der notwendigen Ausrüstung herzustellen. Bis 1979 war das Roseman-Kotowari-Verfahren ein Hauptbestandteil der Psychotherapie geworden, und für die beiden Erfinder wurde an der Castalia-Universität ein großes Forschungslabor eingerichtet.

In der Folge setzte sich mehr und mehr die Erkenntnis durch, daß Gestreßtheit, Panzerung und Verspannung Krankheiten sind wie Alkoholismus oder Paranoia, und immer mehr Leute fühlten sich zusehends wohler in einer Welt, in der Wahrheit und Wirklichkeit weniger starr definiert wurden. Sie ließen ab von der Suche nach Felsen, die sicheren Grund bieten, nach Grundfesten, auf denen sie ihr Leben aufbauen konnten: Diese Sinnbilder der Verfestigung und Versteinerung hatten ihre Gültigkeit verloren. Sie kamen zu der Erkenntnis, daß die Welt, dieses Schwingungssystem, eher ätherisch und flüssig ist als fest, und sie fühlten sich jetzt mehr wie Schwimmer, Segler oder Flieger, weniger als Landratten. Sie fanden mehr Sicherheit im Loslassen als im Festhalten und entwickelten dabei eine Lebenseinstellung, die man etwa psychophysisches Judo nennen könnte. Ungefähr 2500 Jahre früher hatten es die chinesischen Weisen Laotse und Tschuang-Tse *wu-wei* genannt, was man vielleicht am besten mit „zwangloses Tun" übersetzen kann. *Wu-wei* ist das Dahingleiten im Fluß des Tao, dem Lauf der Natur, und das Kreuzen durch die Strömungen des *li* (der organischen Muster) — ein Wort, das ursprünglich die natürlichen Maserungen in Jade oder Holz bezeichnete.

Als sich diese Lebenseinstellung unter dem Einfluß des Vibrationstrainings weiter durchsetzte und ausbreitete, wurden die Leute immer toleranter exzentrischen Lebensstilen wie auch rassischen und religiösen Unterschieden gegenüber und immer kühner in der Erforschung neuer Wege der Liebe. Die Gegenwart hatte mehr Gewicht als die Zukunft, denn man war sich darüber klar geworden, daß es wenig Sinn hatte, Zukunftspläne zu schmieden, deren Verwirklichung in der Gegenwart keine Freude bereitete. Mehr und mehr hörten wir auf, uns abzuhetzen, und merkten, daß wir dadurch erst richtig „in Fahrt" kamen, denn bisher hatten wir mit unserer Hektik nur eine Menge antagonistischer Schwingungen in Gang gesetzt. Wir entledigten uns aller einengenden Kleidung — Hosen, Gürtel, Krawatten, feste Schuhe und dergleichen überflüssige Errungenschaften zur Einschnürung und Fesselung unseres Körpers, mit denen wir uns einreden wollten: „Jetzt existierst du wirklich und kannst nicht auseinanderfallen." Statt dessen schlüpften wir in alle Arten von Gewändern wie farbenprächtige Sarongs, Kimonos, Saris, Kaftane, Burnusse und Ponchos, die wir ebenso auf der Straße wie auch bei der Arbeit trugen. Wir statteten unsere Häuser mit japanischen Bädern oder Saunas aus, in denen wir gemeinsam unseren Feierabend genossen und uns entspannten. In den geräumigen Badewannen konnten sechs Personen bis zum Hals im heißen Wasser sitzen; natürlich seifte man sich nicht in der Wanne ab, sondern duschte vorher. In den sechziger Jahren besaßen schon ein paar meiner Freunde in Kalifornien solche Wannen, aber inzwischen sind sie überall verbreitet.

Von der Hektik befreit, eröffneten sich uns neue, ungeahnte Möglichkeiten der Sexualbeziehungen. Wir sollten nicht vergessen, daß uns die Technologie, abgesehen von der ökologischen Krise in den Siebzigern, eine enorme Zunahme unserer Freizeit bescherte. Seit 1985 gibt es den Acht-Stunden-Tag von neun bis fünf nicht mehr. Inzwischen richtet man sich überall in der Welt nach der mittleren Greenwich-Zeit und verteilt die gleitende Arbeitszeit über die Gesamtspanne von vierundzwanzig Stunden. Jeder arbeitet insgesamt höchstens zehn Stunden in der Woche — außer natürlich, er ist aus reiner Begeisterung Arzt, Ingenieur, Forscher oder Zimmermann, denn in diesem Fall arbeitet er nach Herzenslust, solange er will. Unter den gegebenen Umständen brauchen wir zur Aufnahme von sexuellen Beziehungen nicht mehr mit jemandem zu „schlafen" oder „ins Bett" zu gehen. Warum warten, bis man müde ist? Und im übrigen beschränkt sich Sex am frühen Morgen oder zur späten Nacht meist auf bloßes Bumsen, und die ganze Sache ist nach zwei oder zwanzig Minuten gelaufen. Die Männer beeilen sich, etwas zu beweisen — aber was?

Wir lassen uns Zeit. Mann und Frau wechseln sich in ihrem Rollenspiel ab, und einer dient zur gegebenen Zeit dem andern (obgleich das kein starres Verhaltensmuster sein muß, denn man kann sich auch auf Gegenseitigkeit einigen). Einer der beiden serviert seinem Liebespartner ein leichtes, aber exquisites Mahl, das normalerweise an einem niedrigen Tisch eingenommen wird, der von Kissen umgeben ist. Bemerkenswert ist, daß heutzutage die meisten Männer zu kochen verstehen und daß sich die Leute seit vielen Jahren darin geübt haben, auf dem Boden zu sitzen, so daß ihre Beine elastisch sind. Zum Essen trägt das Paar weite, schmeichelnde Gewänder. Gekocht wird oftmals direkt am Tisch auf einer elektrischen Platte oder einem echten Holzkohlenfeuer. Für gewöhnlich (und, wie ich erwähnen möchte, mittlerweile auch ziemlich legal) gibt man sich nach dem Essen dem Genuß von Marihuana oder Haschisch aus einer Wasserpfeife hin, denn es hat sich erwiesen, daß starke alkoholische Getränke bis auf Wein oder Bier der sexuellen Ekstase abträglich sind.

Um die Unterhaltung bei Tisch nicht zu stören, hört man Musik erst, wenn die Pfeife gebracht wird. Das Vibrationstraining hat mit der reinen Background-Musik Schluß gemacht, und es gilt heute als ausgesprochen stillos, nicht zu lauschen, wenn Musik erklingt. Man kann Platten oder Tonbänder abspielen, doch manchmal erscheinen zu diesem Zeitpunkt ein paar Freunde oder auch die Kinder des Paares mit Instrumenten und musizieren ein Weilchen, während die Pfeife geraucht wird. Nach dem Essen begibt sich das Paar ins Bad, um sich zu duschen oder sich in der großen Wanne zu aalen. Dann gibt der eine Partner dem anderen eine Vollmassage auf einer eigens zu diesem Zweck bereitliegenden Matte. Während derjenige, dem die Massage zuteil wurde, eine Weile ruht, richtet der andere das Lager und stellt einen Korb mit Blumen, ein Kästchen voller Schmuck und ein Make-up-Set daneben. Gelegentlich werden auch zu beiden Seiten Leuchter mit hohen Kerzen aufgestellt und ein Räuchergefäß mit langem Holzgriff.

Jetzt wird der andere Partner vom Bad zum Lager geleitet, wo er sich niederläßt und mit Juwelen geschmückt wird — meist mit einer kunstvoll gearbeiteten Halskette und dazu passenden Armbändern und Fußkettchen. Dann wird das Räuchergefäß am Griff hochgehoben und mit dem duftenden Rauch das Haar parfümiert. Augen, Lippen und Stirn werden schön und phantasievoll geschminkt. Auf die Stirn zum Beispiel kommt ein kleines ,,drittes Auge'', wie es Hindu-Tänzerinnen tragen. Zuletzt werden Blumen ins Haar gesteckt oder auch in Form eines *lei* um den Nacken gehängt.

Beide sitzen sich nun gegenüber. Ein weiterer Erfolg des Vibrationstrainings macht sich bemerkbar: Fast jeder Teilnehmer hat eine gute Singstimme, weil die Hemmungen abgebaut sind, die die Klarheit des Tons behindern. Und so ist es bei Liebenden zur schönen Gewohnheit geworden, sich gegenseitig etwas vorzusummen oder zu singen, manchmal sogar zu Gitarren- oder Lautenspiel. Beim Singen, ehe sie sich körperlich näherkommen, liebkosen die beiden einander mit den Augen. Manche spielen zu diesem Zeitpunkt lieber Dame, Domino oder Schach, und der Gewinner hat das Vorrecht, die Art von Liebesspiel vorzuschlagen, die er sich wünscht. Von nun an ist alles erlaubt, wenn auch durch die Vorbereitungen eine Stimmung entstanden ist, die häufig zu einer langanhaltenden, langsamen sexuellen Vereinigung führt, in der das Paar eine Stunde oder länger nahezu regungslos verharrt und dabei die präorgastische Spannung so hoch wie möglich hält, ohne jedoch den erlösenden Höhepunkt herbeizuführen. Ich bin mir darüber im klaren, daß früher, in den siebziger Jahren, die meisten Männer dieses Ritual als lächerliche Schau abgetan und gesagt hätten, das ganze Theater habe nur eine gute, ehrliche Nummer verdorben. Im Nachhinein können wir mit Erstaunen feststellen, wie wenig uns damals unsere Rohheit, unsere abscheulichen Manieren, unsere labberige Küche, unsere unbequeme Kleidung und unsere groteske Plumpheit und Phantasielosigkeit bei der Liebe bewußt war.

Ich muß noch einmal auf unseren Gebrauch von psychedelischen Drogen zurückkommen. Diese Mittel werden heutzutage mit gleicher Hochachtung angesehen, wie sie zu allen Zeiten edlem französischen Wein galt. Hingegen wird jeder, der den ganzen Tag über Hanf raucht, als unkultivierter Abdröhner betrachtet, der nicht dazu in der Lage ist, wahren Nutzen aus der Droge zu ziehen. Psychedelische Drogen werden auch nicht auf Partys mitten im Klatsch und Tratsch konsumiert, sondern nur unter Umständen, die einem die nötige Ruhe gewähren, den fortlaufenden Bewußtseinsveränderungen seine ungeteilte Aufmerksamkeit zuzuwenden. Infolgedessen haben sie mehr die Bedeutung von religiösen Sakramenten als von Trips oder Kicks, obwohl wir unserer religiösen Einstellung nach weder zur Frömmigkeit noch zu Frömmelei neigen, denn nur sehr einfältige Leute glauben heute noch, Gott sei der allgewaltige große Macher, in dessen Gegenwart nicht laut gelacht werden dürfe.

Ich kann mich noch gut an den ersten Hanf-Laden erinnern, der etwa 1976 in San Francisco eröffnet wurde. Er bestand in der Hauptsache aus einer langen Holztheke mit Hockern für die Kunden. Oben auf der Theke standen ein paar Tonkrüge mit einfacheren, billigeren Sorten — rotem Panamesen, Acapulco Gold, indischem Ganja und einheimischem Gras. Aber an der Wand hinter der Theke stand ein langer Schrank mit Hunderten von kleinen Schubladen, die ein hiesiger Instrumentenbauer mit kunstvollen Elfenbeinintarsien im italienischen Stil verziert hatte. Jede Schublade trug ein Schild, auf dem das genaue Herkunftsfeld und Erntejahr angegeben war, so daß man die verschiedensten Sorten aus Mexiko, dem Libanon, Marokko, Ägypten, Indien und Vietnam kaufen konnte, aber auch die sorgsam gehegten Pflanzen eifriger hiesiger Cannabis-Züchter. Der Handel wurde in aller Ruhe und Höflichkeit abgewickelt, und der Verkäufer gab kleine Prisen zum sofortigen Probieren an der Theke aus, über deren spezielle Wirkung er einfühlsam und genauestens Bescheid geben konnte. Ich sollte hinzufügen, daß stärkere bewußtseinserweiternde Drogen wie beispielsweise LSD nur noch selten verwendet werden — in der Psychotherapie, in der Abgeschiedenheit religiöser Institutionen und in unseren speziellen Sterbekliniken.

Diese Kliniken wurde etwa 1978 eingerichtet, nachdem einige Schüler von Roseman und Kotowari zu dem Schluß gekommen waren, daß man das Erlebnis des Sterbens ekstatisch als totale Selbstbefreiung uminterpretieren könne. Die Folge davon war, daß man den Tod zum Anlaß nahm, Glückwünsche auszusprechen und fröhlich zu sein. „Man stirbt nur einmal", war das Motto, und wenn der Tod richtig und natürlich ist wie die Geburt, ist es absurd, nicht das Beste daraus zu machen. Auch heute ist die Geriatrie noch weit davon entfernt, physische Unsterblichkeit verleihen zu können, obwohl die normale Alterserwartung 100 oder sogar 150 Jahre umfaßt. Die Sterbekliniken sind das Werk unserer phantasiereichsten Architekten. Sie liegen inmitten von Obst- und Blumengärten mit Springbrunnen und Mineralquellen, und die schauerlichen, sinnlosen Bestattungsbräuche aus der Mitte des Jahrhunderts sind längst vergessen. Selbst Jugendliche lernen frühzeitig, über Verfall und Tod nachzudenken, ohne gleich vor kaltem Grauen eine Gänsehaut zu bekommen, und zwar durch das Vibrationstraining, in dessen Verlauf sie erst gleißendem Licht und intensiven Klangerlebnissen ausgesetzt werden und danach völliger Dunkelheit und Stille.

Und dann haben wir etwas *gänzlich* Neues. Ihr werdet euch daran erinnern, daß Dr. Joseph Weber von der Universität Maryland 1969 Schwerkraftwellen entdeckt und gemessen hat. Daraus entwickelte sich 1982 eine Methode zur Polarisierung der Schwerkraft, die das Verkehrswesen revolutionierte, den Smog beseitigte und die Bevölkerung so verteilte, daß keine überbesiedelten Städte mehr existierten. Drei Physikern — Conrad, Schermann und Grodzinski — gelang es, einen bleiähnlichen Stoff zu polarisieren und ihm ein Negativ-Gewicht zu geben, durch das sein Positiv- oder Normalgewicht aufgehoben wurde. Dieser Stoff kann in einen starken, breiten Gürtel eingearbeitet werden, an dem auch noch die notwendige elektronische Ausrüstung plus Richtungs- und Energiekontrollvorrichtungen Platz finden. Dem Träger dieses Gürtels ist es möglich, über dem Erdboden zu schweben oder hoch in die Lüfte zu fliegen. Bei niedriger Einstellung kann er riesige Sprünge machen, fast zwei Kilometer weit und bis zu zwanzig Meter hoch, oder sachte durch Täler und über Baumkronen hinwegsegeln, ohne Eile, ohne Lärm. Bei hoher Einstellung muß er zuvor einen Raumanzug anlegen, und dann zischt er ab in den Weltraum oder saust unbeschwert mit einer Geschwindigkeit von fünfhundert Kilometern in der Stunde in einer Höhe von zwölfhundert Metern daher. Keine Frage, daß zu jeder Ausrüstung dieser Art ein Radargerät gehört, das einen im Nu sanft zum Stillstand bringt, sobald die Gefahr eines Zusammenstoßes droht. Viel größere Mengen des bleiähnlichen Stoffes werden im Luftfracht- und Passagierflugverkehr eingesetzt, und durch die geräuschlose Leichtigkeit, mit der die Flugzeuge senkrecht starten oder landen, bleiben wir von allen Widrigkeiten und Unbequemlichkeiten der alten Flughäfen verschont.

Aber wir haben es nicht eilig. Die negative Schwerkraft hat uns all das verschafft, worum wir die Vögel beneiden, und wir nutzen sie auf vielerlei Weise: um uns in den Lüften zu tummeln, in den Himmel einzutauchen und zu tanzen, um auf den Wolken zu „thronen" und um unsere neuen Wohnungen auf unzugänglichen Gebirgsgipfeln und in abgeschiedenen Tälern zu erreichen. Erinnert ihr euch noch an die Berichte der Astronauten, Fallschirmspringer und Taucher über das ekstatische Gefühl der Schwerelosigkeit? Heutzutage kann jeder daran teilhaben, und wir sind von der gleitenden zur „fliegenden" Arbeitszeit übergegangen. Wie Toynbee vorausgesehen hat, ist die Zivilisation ätherisch geworden, und die Erde ist wieder frei von allen Betongürteln und -flächen.

Das Hauptproblem des ekstatischen Lebens, vergleichbar mit der Materialermüdung von Metallen, liegt in der Unmöglichkeit, für längere Zeit auf dem Höhepunkt der Ekstase zu bleiben, selbst wenn die Arten der Ekstase häufig wechseln. Außerdem neigt das Bewußtsein dazu, einen anhaltenden Reiz zu verdrängen oder zu negieren — etwa den Luftdruck auf der Haut. Dadurch sind die leichteren Arten der Askese wieder in unserer Achtung gestiegen. Nach der ökologischen Krise hat eine Unmenge von Leuten angefangen zu gärtnern, und auf jedem nutzbaren Fleckchen Erde wird jetzt Obst und Gemüse angebaut. Große geodätische Kuppeln dienen als Treibhäuser, und der Winter ist dank der weltweiten Klimakontrolle viel milder als früher. Millionen sind schon um sechs Uhr morgens (nach eurer Zeit) auf den Beinen, graben, hacken, jäten und harken. Zugleich essen wir viel weniger und erwarten auch in den Restaurants keine übervoll gehäuften Teller mehr. Unsere Nahrungsmittel sind gehaltvoller, und unsere Vitalität und Spannkraft nehmen ständig zu, seit wir uns nicht mehr vollstopfen. Trotz der Bequemlichkeiten, die uns die negative Schwerkraft verspricht, sind wir begeisterte Spaziergänger und Wanderer, denn die Landschaft ist wieder sehenswert im Schmuck ihrer Gärten, und der ungepflasterte Erdboden tut unseren Füßen wohl. Kunst und Handwerk erleben eine neue Blüte, da wir jetzt reichlich Zeit und Muße haben für Arbeiten, die viel Geduld und größte Geschicklichkeit erfordern. Ihr findet vielleicht, daß wir unseren Hobbys fanatisch ergeben sind — aber wir sind Experten für alles, was Spaß macht, von Athletik bis Zoologie.

Wir kennen viele *kleine* Ekstasen: den Reiz der Holzschnitzerei mit einem wirklich scharfen Beitel, die zeitlose Versunkenheit beim Knüpfen von Teppichen, die wie edelste Perserteppiche leuchten, Verlegen und Abziehen von Parkettböden aus verschiedenfarbigen Hölzern, getrocknete Kräuter aus dem eigenen Garten in Gläser füllen, verhedderte Kordel entwirren, Lauschen auf den Klang von Windharfen aus Sonor (einem neuen, wohltönenden Metall), Auswählen und Zusammensetzen von bemalten Kacheln für ein Schachbrett, gekonntes Entgräten eines Fisches, Kastanienrösten an einem abendlichen Holzkohlenfeuer, einer Frau das Haar kämmen oder einem Freund die Füße waschen und massieren. Kaum hatten wir uns vom Trugbild der enteilenden Zeit gelöst, einer bloßen Projektion unserer eigenen Ungeduld, wurden die Wunder und Ekstasen unserer Alltagswelt wieder lebendig, wie in unserer Kinderzeit. Ihr würdet staunen über die Schönheit unserer Wohnungen, unserer Möbel, unserer Kleider, selbst unserer Töpfe und Pfannen, denn wir haben die Zeit, das meiste davon selbst herzustellen. Unserem Realitätssinn entsprechend, stellen diese Dinge — eher als Geld — unseren wirklichen Wohlstand dar.

Wir kultivieren auch das, was mit einem etwas seltsamen Begriff als Ekstase des gewöhnlichen Bewußtseins bezeichnet wird und allem Anschein nach verwandt ist mit dem Zen-Prinzip, wonach „dein gewöhnliches Bewußtsein Buddha ist", nämlich die Grundwirklichkeit des Lebens. Wir haben uns daran gewöhnt, gleichzeitig auf verschiedenen Wirklichkeitsebenen zu leben, von denen einige sich scheinbar widersprechen — wie eure Physiker den Atomkern gleichzeitig als Teilchen und als Welle angesehen haben. Zu eurer Zeit war die orthodoxe Weltanschauung in überwältigendem Maße objektiv; ihr habt die Dinge genauso genommen, wie sie von der Wissenschaft beschrieben wurden. Wo es angemessen ist, lassen wir diesen Gesichtspunkt auch heute noch gelten. Wenn er sich jedoch verselbständigt, degradiert er den Menschen zum bloßen Objekt: Er definiert ihn von außen her, ohne seine innere Ansicht der Dinge zu beachten. Wir aber berücksichtigen auch die subjektive, naive und kindliche Lebensanschauung und messen ihr mindestens die gleiche Bedeutung zu. Soviel ich weiß, war es ein englischer Architekt, Douglas Harding, der in den frühen Sechzigern darauf hinwies, daß man von diesem Standpunkt aus gar keinen Kopf hat. Was man mit dem Kopf aufnimmt, schrieb er, — besonders mit den Augen und Ohren, die ja nach außen gerichtet sind — ist alles *außer* dem Kopf selbst. Sobald diese offensichtliche, meist jedoch übersehene Tatsache klar geworden ist, hältst du deinen Kopf nicht länger für das Zentrum des Bewußtseins; dann bist du nicht mehr das zentrale *Etwas*, in das Erfahrung eingehämmert, eingegraben und eingespeichert wird. Dann wird das Wahrnehmungszentrum eins mit allem, was es wahrnimmt. Du und die Welt werden identisch, und dieses Entschwinden deiner selbst ist eine segensreiche Befreiung.

Diese Interpretation der Wirklichkeit widerspricht der wissenschaftlichen Methode ebensowenig, wie die Farblosigkeit einer Linse die Farben von Blumen beeinträchtigt. Im Gegenteil, sie stellt eine ganze Wertdimension des Lebens wieder her, die ihr mit eurer leidenschaftlichen Objektivität negiert habt. Euer ausschließlich wissenschaftliches Universum erscheint im Vergleich dazu als trockener, sinnlos dahinklappernder Mechanismus. Obwohl es im weitesten Sinne *ich*-bezogen war, ließ es den Menschen selbst aus. Wir haben ihn zurückgeholt — nicht als definierbares Objekt, sondern als tiefstes und höchstes Geheimnis. Der holländische Philosoph Aart van der Leeuw hat es so ausgedrückt: „Das Geheimnis des Lebens ist kein Rätsel, das gelöst, sondern eine Wirklichkeit, die erlebt werden will."

6. Januar 1990

DIE REALITÄT DER REINKARNATION

Soweit ich mich zurückerinnern kann, hat mich immer die Idee des Todes fasziniert. Ich glaube, den meisten Kindern geht es ebenso. „Wenn ich nun vorm Aufwachen sterbe . . ." Eigentlich kann man sich überhaupt nicht vorstellen, einzuschlafen und *niemals* wieder aufzuwachen, aber der bloße Gedanke daran hat etwas Erregendes. Man wird also Albert Camus zustimmen müssen, daß die einzige ernstzunehmende philosophische Frage die ist, ob man Selbstmord begehen sollte oder nicht. Es geht ja nicht nur darum, für immer in einen Zustand ewigen Dunkels einzugehen, als sei man lebendig begraben oder würde blind. Und auch nicht darum, keine Zukunft mehr vor sich zu haben, in einen Zustand totaler Leere hineinzugeraten; sondern darum, so zu sein, als sei man nie gewesen, als hätte man weder Gegenwart noch Vergangenheit. Es wäre so, als hätte nicht nur ich, sondern auch das gesamte Universum nie existiert. Und es gäbe niemanden, der den Verlust spüren oder bedauern würde.

Zumindest müßte der gesunde Menschenverstand es so ansehen und dabei alle Vorstellungen von einem persönlichen Weiterleben nach dem Tode als reines Wunschdenken ohne einen Funken Glaubwürdigkeit einstufen und über Bord werfen. Die Mehrzahl aller vernünftigen, nüchtern denkenden Menschen sagt sich, daß die Dinge einfach so und nicht anders liegen, sieht ein, daß Nichtsein unbegreiflich ist, zuckt die Achseln und denkt nicht weiter darüber nach. Ich aber habe mich nie damit zufrieden geben können und wollte es dabei nicht bewenden lassen. Wie gebannt fahre ich fort, nachzusinnen, versuche ich, mir den Zustand (oder Nicht-Zustand) des Nichtseins zu vergegenwärtigen.

Wenn ich mir die anscheinend sinnlose Frage stelle, *wie* es wohl wäre, nichts zu sein und niemals gewesen zu sein, denke ich zuerst einmal darüber nach, wie sich mein eigener Kopf meinen Augen darstellt. Denn meinem reinen Sehgefühl nach ist direkt hinter meinen Augen nicht etwa ein dunkler oder unklarer Bereich. Nein, ich habe die deutliche Empfindung von Nichts — womit ich nicht sagen will, daß nichts da ist, schließlich *sehe* ich aus diesem Nichts heraus.

Als nächstes kommt mir der Gedanke, ich (oder es) könnte nach meinem Tode genauso sein, wie ich war, bevor ich geboren wurde. Beide Male, nach dem Tod und vor der Geburt, ist es, als ob ich — und alles andere auch — niemals gewesen wäre. Die meisten Leute zucken wieder die Achseln und sagen: ,,Wir kommen aus dem Nichts und kehren zum Nichts zurück — und damit hat sich's.'' Aber ich habe da meine Bedenken. Ich finde es nämlich äußerst verwunderlich, daß ich tatsächlich aus dem Nichts komme. Wenn ich einst daher gekommen bin, sehe ich nicht ein, warum ich nicht noch einmal daher kommen sollte; denn wenn ich, was wirklich der Fall ist, einstmals daher gekommen bin, ist dieses Nichts, gelinde gesagt, etwas sprunghaft.

Nun will ich einmal diese beiden Gedankengänge über das Gefühl des Nichtseins zusammenfassen. Ich versuche, tiefer und tiefer in meiner Erinnerung zu graben, um herauszufinden, wie es war, bevor ich geboren wurde, und ab einem gewissen Punkt laufe ich leer. Ich mache kehrt, um zu erkennen, was direkt hinter meinen Augen liegt, und wieder stoße ich ins Leere. In beiden Fällen jedoch weiß ich, daß etwas da ist, zumindest sprechen alle Anzeichen dafür. Ehe ich geboren wurde, waren mein Vater und meine Mutter da, Erde, Sonne, Mond und Sterne, die Milchstraße und die ganze Energie des Universums — und dann Raum, scheinbar wiederum Leere. Leer ist das alles nur, weil ich mich nicht erinnern kann, weil ich nichts davon spüre, wie es war, bevor ich geboren bin.

Ebenso weiß ich genau, daß hinter meinen Augen mein Gehirn verborgen liegt. Ich kann es weder begreifen, noch kann ich mich daran erinnern, wie ich es habe wachsen lassen oder wie mein Vater und meine Mutter es haben wachsen lassen, noch kann ich es direkt spüren. Darum ist es leer. Aber es ist geradeso die Quelle meines *Sehens*, wie Vater und Mutter mit dem ganzen Universum im Rücken und dem Raum ,,dahinter'' die Ursache meines *Seins* sind. Wie mein unsichtbares Gehirn mit meinen Augen sieht, fühlt meine aus der Erinnerung geschwundene Vergangenheit (die fortdauernde Welt) mit meinem Körper.

Wenn ich also zu dem ,,Nichts'' vor meiner Geburt zurückkehre, dem ich entsprungen bin, finde ich dieses sehr reale Universum vor. Und ich habe guten Grund zu glauben, daß dasselbe Universum nach meinem Tod ebenso real sein wird, habe ich doch andere sterben und wieder andere ins Leben treten sehen, und das ist immer noch der Lauf der Welt.

Wo in alledem bringe ich nun mein Selbst unter? Die meisten von uns würden nicht viel dagegen einzuwenden haben, das nicht-sichtbare Gehirn als das eigentliche *Ich* zu betrachten, jedenfalls eher als die Augen, da sich schließlich auch ein Blinder als existent empfindet. Wo aber steckt mein Selbst, wenn ich in Erwägung ziehe, daß das Universum ebenso mit meinem Körper fühlt, wie das Gehirn mit meinen Augen sieht? Oder, anders gesagt, daß mein Körper und alle Körper aus dem Strudel jener Urenergie hervorgehen, wie Blätter am Baum entstehen oder Fische im Meer und, höchst eindrucksvoll, Sterne im Raum.

Wenn ich also mein Selbst ausschließlich mit meinem Körper identifiziere, trenne ich es von diesem Energiewirbel ab, dem ich entwachsen bin und dessen Luft, Licht, Feuer und Wasser ich immer noch entwachse. Doch wenn ich mein Selbst mit dem Wirbel als solchem gleichsetze (was ja vollkommen begründet wäre), würden die Leute sagen: „Wer zum Teufel glaubst du eigentlich zu sein? *Du* hältst doch dieses Universum nicht im Gang!" Und ich erwidere dann: „Wer zum Teufel glaubst *du* eigentlich zu sein? Du weißt ja nicht einmal, wie dein Gehirn funktioniert. Du hast nicht die leiseste Ahnung, wie du dein Knochengerüst gebildet hast." Ich finde es also genauso logisch, von meinem Selbst zu behaupten, es sei der Wirbel an sich, wie zu sagen, es sei lediglich dieser Körper, denn letztlich habe ich weder auf das eine noch auf das andere persönlichen Einfluß. Unser Milchstraßensystem wärmt sich nicht durch mich auf. Mein Nervensystem hat seine Struktur nicht von mir. Alles ergibt sich so oder geschieht einfach, auch ich. Mein Selbst ist kein Gegenstand außerhalb seiner selbst, den es wie ein Auto oder eine Schreibmaschine in Gang setzen könnte. Da ich aber mein Selbst auch dann nicht in der Hand habe, wenn ich es nur als diesen meinen Körper definiere, sehe ich auch keinen Grund, warum ich es nicht gleich als das Universum bezeichnen soll. Bei reiflicher Überlegung ist die letzte Definition weitaus vernünftiger.

Darüber hinaus ist offensichtlich das Universum ein System, welches sich mittels seiner lebendigen Körper seiner selbst bewußt wird — bis zu einem gewissen Grad jedenfalls. Denn es gelangt nie zur völligen Erkenntnis seiner selbst, wie dir die Leere hinter den Augen bleibt und das Unvermögen, deinen eigenen Mund zu küssen. Käme es dazu, gäbe es keine Überraschungen mehr, und der Spaß wäre uns verdorben. Das Dasein wäre dann wie der Liebesakt mit einer Plastikfrau.

Wenn wir das alles berücksichtigen, haben wir einen vernünftigen Denkansatz zur Frage des Todes. Das heißt, wir können die Sache klären, ohne ,,Übernatürliches'' ins Spiel zu bringen — göttliche Offenbarungen etwa, die angeblich übersinnlichen Erfahrungen anderer Leute, zweifelhafte spirituelle Lehren oder gar irgend einen unbeweisbaren Hokuspokus. Ohne zu irgend etwas Zuflucht zu nehmen, was sich der allgemeinen Kenntnis entzieht, und ohne von der Vorstellung auszugehen, es existiere so etwas wie eine unsterbliche Seele, kann man zum Beispiel zu dem Schluß kommen, daß die uralte, weitverbreitete Idee der Reinkarnation vollkommen logisch ist. Ich will nicht unbedingt behaupten, ich könne den Beweis dafür liefern; aber ich kann ziemlich nahe an den Kern der Sache herankommen, und das mit mehr Evidenz, als normalerweise für vieles von dem erbracht wird, was man als Selbstverständlichkeit hinnimmt.

Um mich verständlich zu machen, erlaube ich mir, von den Worten ,,Ich'' oder ,,Selbst'' ein neues Verb abzuleiten, nämlich ,,selbsten'' oder ,,beselbsten''. Demzufolge ,,selbstet'' das Universum genauso, wie ein Apfelbaum ,,apfelt'' und wie der Weltraum ,,sternt''. Jedes Substantiv kann auf diese Weise in ein Verb umgewandelt werden, denn jedes *Ding bedingt* gleichzeitig auch ein Geschehen: Häuser ,,hausen''.

In meinem Körper, in deinem Körper, in allen Körpern ,,selbstet'' das Universum. Und um nicht der Parteilichkeit oder Voreingenommenheit anheim zu fallen, ,,beselbstet'' es sich gleich mit Myriaden von unterschiedlichen Körpern, die es zudem einer ständigen Verwandlung unterwirft. Vielfalt ist die Würze des Lebens. Weil nun in jedem Körper das Universum ,,selbstet'', fühlt sich auch jeder Körper als ,,Selbst'' oder ,,Ich''. Offensichtlich entstehen nach dem Tod irgendeines dieser Körper andere, und jedesmal machen sie wieder die gleiche Erfahrung, aus dem Nichts zu kommen, wie du und ich bei unserer Geburt. Wenn also das Universum aufhört, in *diesem* meinem Körper zu ,,selbsten'', treten andere an seine Stelle, und sie alle empfinden sich ebenso als ,,Ich-Selbst'', wie ich selbst es jetzt tue.

Ich weiß nun, daß, wenn ich gestorben bin, andere Körper, andere Ich-Selbste, geboren werden. Dann kann ich aber doch wirklich genausogut sagen: ,,Wenn ich gestorben bin, werde ich als Säugling wieder aufwachen — als irgendein Säugling, als einer von vielen — wie schon zuvor, nur daß ich an den letzten Trip keine Erinnerung mehr habe.'' Wer behauptet, nach dem Tode komme das ewige Nichts, sagt in Wahrheit nichts anderes, als daß mit seinem Tod das Universum vergeht. Aber wie jeder weiß, besteht es auch weiter, wenn jemand gestorben ist, und da *es* in mir ,,selbstet'', da *es* mich ,,beselbstet'', entspricht mein eigenes Selbst im Grunde eher *ihm* als diesem meinem Körper. Wenn ein Apfel sich seiner selbst vollkommen bewußt werden könnte, würde er sagen: ,,Ich bin, was der Baum tut.'' Ergo: Hat das Universum mich einmal beselbstet, kann es das auch ein zweites Mal tun.

Um an die Reinkarnation zu glauben, müssen wir allerdings eine bestehende Verbindung zwischen zwei Selbstwerdungen aufdecken, die sich zeitlich nicht überschneiden wie etwa Vater und Sohn. Wenn ich vom Universum sage, es ,,beselbstet'' mich erneut, nehme ich natürlich an, daß es einen anderen Körper hervorbringt, ein anderes Leben, das dem meinigen in Stil und Art ungemein ähnlich ist und deshalb als Wiederkehr von Alan Watts angesehen werden könnte. ,,Ein schöner Trost'', magst du einwenden, ,,du wirst trotzdem jemand anderes sein, sei er auch dein getreues Ebenbild.'' Aber ich kann eine Verbindung zwischen mir und jenem Alan Watts herstellen, die genausoviel Gültigkeit hat wie die zwischen mir heute und mir morgen.

Es kommt nämlich nur darauf an, was wir unter einer Verbindung verstehen. Sieh dir irgendein Zeitschriftenfoto durch ein Vergrößerungsglas an. Klare, durchgehende Linien lösen sich in einzelne Punkte auf. Oder nimm das Bild des Sternenhimmels: Von nahem sieht unsere Milchstraße wie ein zerstreuter Haufen einzelner Sterne aus, für einen entfernten Betrachter ist sie ein spiralförmiger Nebel. Natürlich sind die Sterne keineswegs durch Bindfäden miteinander ,,verbunden''. Was ihnen Zusammenhalt gibt, ist das Muster, das sie zusammen formen wie die Punkte das Bild in der Zeitschrift. Muster sind nicht nur Bilder im Raum, sondern auch Rhythmen im Zeitenlauf und damit Dinge, Formen oder Geschehnisse, die ebenso real und konkret sind wie irgend etwas anderes aus unserem Erfahrungsbereich. Harter Stahl ist eine pulsierende Kreisbewegung von Elektronen und Positronen, zwischen denen verhältnismäßig riesige Räume liegen, und die Physiker sind sich nicht einmal im klaren darüber, ob es sich dabei um Teilchen oder Wellen handelt.

Zeitrafferaufnahmen vom Wachstum einer Pflanze enthüllen uns kontinuierliche Zeitabläufe, und wenn sich in einem Planetarium der Projektor immer schneller dreht, entsteht der Eindruck, als würden die Planeten fortlaufende Linien an die Kuppel zeichnen. Im Film der wachsenden Pflanze sieht man, wie diese eine präzise, gleichmäßige Bewegung macht — als wenn jemand seine Hand öffnete —, die man normalerweise nicht wahrnimmt. Im Planetarium wird der tatsächliche Lauf, die Bahn der Planeten sichtbar. Wahrhaftig, was immer wir als existent, als zeitlich fortdauernd empfinden, hat eigentlich gar keine Dauer, sondern besteht aus wiederkehrenden Rhythmen oder Schwingungen.

Es ist leider technisch unmöglich, einen Zeitrafferfilm der Lebensläufe von Myriaden von Menschen zwischen, sagen wir, 10000 vor Christus und der Gegenwart zu drehen. Aber gesetzt den Fall, es ginge, wäre es doch durchaus denkbar, daß wir die formalen Verbindungen zwischen einzelnen Lebensläufen erkennen würden. Wir könnten eine Folge von Lebensläufen mit Zeitspannen von 10000 bis 9930, von 8500 bis 8430 und von 8300 bis 8240 herausgreifen, in denen drei verschiedene Individuen ein einheitliches Verhaltensmuster zeigen. Durch die Ablaufgeschwindigkeit entstünde der Eindruck, als hätte man es mit drei Erscheinungsformen von ein und derselben Person zu tun, wie ihn ein Bekannter hinterläßt, den man nur alle sieben Jahre sieht. Denn die ununterbrochene Fortdauer irgendeines Individuums ist mit einem Strudel im Fluß zu vergleichen; der Strudel ist Tag für Tag da, und doch steht das Wasser selbst niemals still. Man könnte sogar sagen, daß der Strudel an sich gar nicht existiert und daß es der Fluß ist, der ,,strudelt'', wie das Universum ,,selbstet'' oder die Blume blüht.

Hierauf könntest du geltend machen, dergleichen Verbindungen oder Zusammenhänge seien erst gegeben, wenn jemand sie (an Hand seiner Beobachtungen oder mit Hilfe einer Kamera) beschreibt. Dann wirst du aber auch konsequenterweise behaupten müssen, daß die Spiralform der Milchstraße nicht wirklich existiert, solange sie nicht wahrgenommen wird. Und weiter würdest du sagen, es gebe keinen Zusammenhang zwischen einem Leben und dem nächsten, es sei denn, er wäre ,,fotografisch'' in der Erinnerung gespeichert. Diese Argumentation zwingt dich jedoch dazu, zu folgern, daß ein Baum in einem abgelegenen Tal erst existiert, wenn ihn jemand sieht, und zuletzt wird dir bei diesem Gedankengang nichts anderes übrig bleiben, als zu behaupten, du seist Gott, der sich das Universum vorstellt. Das mag vielleicht richtig sein, aber es ist sicherlich nicht die Position, auf die sich nüchtern und logisch denkende Menschen festlegen wollen.

Du könntest auch das Argument vorbringen, selbst bei Beobachtung würden keine Verbindungen dieser Art zu Tage treten. Das ist jedoch höchst unwahrscheinlich, denn sogar bei den so wahllos verstreuten Himmelskörpern können wir deutlich Milchstraßen, Konstellationen und das Sonnensystem unterscheiden; wir erkennen die Schönheit von Wolken und Gischt, und das Rauschen des Wassers ist Musik in unseren Ohren. Daß wir solche Empfindungen haben, mag weitgehend an der Struktur unserer Sinne und Nerven liegen, aber die sind auch wiederum Teil des Systems, das sich selbst einen Sinn verleiht im Akt des Selbstens und Sinnens.

Wenn du mir soweit gefolgt bist, dürfte dich der Tod nicht mehr bekümmern. Du wirst gemerkt haben, daß es *nicht* um Sein oder Nichtsein geht, denn du bist der wiederholbare Selbstwerdungsakt eines Systems, eines Universums, das die letzten 10000 Millionen Jahre perfekt nach seiner eigenen Pfeife getanzt hat. Und wenn du bedenkst, daß es sich durch den Tod zeitweilig Vergessen wie auch Erinnerung schafft und sich außerdem in so unwahrscheinlichen Formen wie Giraffen und Riesentukanen manifestiert, kannst du sicher sein, daß es ihm (und dir) nie langweilig wird.

Ich habe bis jetzt versucht, die hohe Wahrscheinlichkeit eines Reinkarnationsprozesses nachzuweisen, ohne dabei auf irgendeinen Beweis aus Bereichen der Parapsychologie und Esoterik zurückzugreifen. Auf diesen Gebieten haben so vertrauenswürdige Forscher wie Ian Stevenson Studien betrieben. (Dr. Stevenson ist Direktor des Fachbereichs für Neurologie und Psychiatrie an der Universität von Virginia, USA, und Autor des Buches *Reinkarnation — Der Mensch im Wandel von Tod und Wiedergeburt. 20 überzeugende und wissenschaftlich bewiesene Fälle.*) Er und andere haben die Aussagen einer Reihe von Leuten untersucht, die behaupten, lebendige Erinnerungen an frühere Leben zu haben. Den meisten Wissenschaftlern ist diese Art von Aussagen nach wie vor suspekt, weil zum einen der menschliche Geist ein fruchtbarer Boden für Sinnestäuschungen ist und zum andern eine einwandfreie und annehmbare wissenschaftliche Theorie zu ihrer Erklärung fehlt. Wenn jedoch Dr. Stevenson in einem einzigen Fall den Beweis liefern kann, daß eine Person sich an

Einzelheiten aus einem früheren Leben zu erinnern vermag, die sie nicht auf normale Weise erfahren haben kann (und soviel ich weiß, hat er das schon mehr als einmal getan), brauchen wir nur noch eine wissenschaftlich akzeptable Theorie zu ihrer Erklärung.

Übrigens ist es belustigend zu sehen, wie wenig sich die Akademiker darüber einig sind, ob eine Theorie akzeptabel ist oder nicht. Als der große österreichische Entomologe von Frisch den über jeden Zweifel erhabenen Beweis erbrachte, daß Bienen sich einer Sprache bedienen, lehnte ein Entomologe der Universität von Kalifornien die Beweisführung „mit tiefstem Widerwillen" ab. Warum diese emotionsgeladene Reaktion? Weil es für einen Teil der Wissenschaftler zum guten Ton gehört und schon eine Art Ritual oder Ehrensache ist, alles zu vermeiden, was auch nur entfernt an Religion, Mystik, Zauberei oder das Übernatürliche gemahnen könnte oder den Gedanken nahelegt, andere Lebewesen außer dem Menschen verfügten über Intelligenz. Bis zu einem gewissen Grad ist das eine ganz gesunde Einstellung, die ich nicht in Frage stellen will; fragwürdig dagegen finde ich den Gefühlsüberschwang, mit dem solche Akademiker ihre Position verteidigen. Ansonsten bin ich bereit, das Spiel nach ihren Regeln mitzuspielen.

Ich war dabei, eine Theorie zu entwickeln über das Verbindende zwischen Körpern oder Formen, die räumlich voneinander getrennt sind, also beispielsweise Elektronen, Positronen und Sternen, oder die sich zeitlich voneinander unterscheiden wie die einzelnen Schwingungen eines Tons oder die Frequenzimpulse kosmischer Strahlen. Außerdem habe ich zu bedenken gegeben, daß erheblich weiter auseinanderliegende Ereignisse wie individuelle Lebensabläufe oder das Auftauchen und Verschwinden von Sterngruppen ebenfalls als Pulsieren in einem kontinuierlichen Rhythmus oder Zeitgefüge zu verstehen sein können. Ich folge damit der Ansicht des britischen Biophysikers Launcelot L. Whyte, der vorschlägt, das verbindende Prinzip aller Systeme als ihre „Form" *(Pattern)* anzusehen. Es ist äußerst schwierig, diesen so einleuchtenden und eleganten Gedanken Leuten nahezubringen, denen eingehämmert wurde, die Welt funktioniere wie ein Billardspiel, in dem harte Materiebälle einander herumstoßen, und müsse deshalb auf der Basis von „Wer hat wen angestoßen?" erklärt werden. Whytes Idee ist nicht im mindesten unwissenschaftlich, denn Formen können ausgemessen, gezählt und beschrieben werden, wohingegen die Vorstellung reiner, undifferenzierter Materie völlig dunkel bleibt.

Hier kommen wir zum Hauptgrund dafür, warum sich Erinnerungen an frühere Leben nicht „wissenschaftlich" erklären lassen. Die Wissenschaftler — insbesondere Ingenieure, aber auch Physiker — gehen im stillen immer noch von der Annahme aus (auch wenn einige inzwischen einsichtiger sind), daß für die Speicherung und Übermittlung aller physikalischen Prozesse unbedingt ein Grundstoff erforderlich sei. Um Erinnerungen an frühere Leben erklären zu können, müßte demnach eine Art unzerstörbarer Substanz gefunden werden, ein Stoff, der als Erinnerungsträger in Frage käme, ähnlich einem Film. Aber das wäre ja genau das, was man früher, grob gesagt, mit den altmodischen Begriffen „Seele" oder „Geist" bezeichnete, die weder ich noch die Wissenschaft ins Spiel bringen will.

Wenn wir uns jedoch versagen, diese Begriffe zur Erklärung von Erinnerungen an frühere Leben heranzuziehen, dürfen wir sie auch nicht dazu benutzen, um Erinnerungen an vergangenen Dienstag zu begründen. Scheinbar ist es keinerlei Problem, sich an letzten Dienstag zu erinnern, und wir nehmen alle stillschweigend an, Ereignisse würden in der Substanz unserer Gehirne und Körper gespeichert. Aber es gibt keine solche Substanz, wie es keine Bindfäden zwischen den Sternen der Milchstraße oder den Elektronen eines Atoms gibt. So wie es den Physikern bisher nicht gelang, eine geistige Substanz nachzuweisen, blieben ihre Bemühungen fruchtlos, die Substanz der Materie zu ermitteln. Sie haben meßbare Formen, Strukturen, Muster und Impulse gefunden — mit enormen Räumen dazwischen —, aber keine Urmaterie, aus denen diese Formen „gemacht" wären, wie Gefäße aus Ton. Solltest du jemals diesen Grundstoff entdecken, wie wolltest du ihn beschreiben? Er ließe sich formal und strukturell überhaupt nicht definieren. Um den Begriff der stofflichen Materie hat sich immer schon ein blühender Aberglaube wie um Werwölfe und Vampire gerankt. Was wir als Materie betrachten, ist in Wirklichkeit nichts anderes als unscharf gesehene Form. Die eigentliche Struktur von Kapok oder Ton kommt erst unter dem Mikroskop zum Vorschein, dann allerdings handelt es sich nicht länger um etwas Faseriges oder Knetbares, sondern um etwas Kristallklares.

Wenn nun ein Wissenschaftler wie Ian Stevenson jemanden findet, der sich an ein früheres Leben erinnert, was kann er anderes tun als die Geschichte auf genau die gleiche Weise nachprüfen, wie er jemandes Beschreibung der Geschehnisse vom vergangenen Dienstag auf ihren Wahrheitsgehalt hin prüfen würde? Ein kleiner Junge in Thailand oder Japan nimmt uns zu einem Dorf mit, in dem er nie zuvor gewesen ist, führt uns herum und macht uns mit seinen alten Freunden bekannt. Er erinnert sich an alles. Wir geben es nur ungern zu (angeblich, weil wir keine Erklärung dafür haben), in Wahrheit aber haben wir für jedes Zeugnis von Reinkarnation schon einen Gegenbeweis parat. Andererseits würden wir wegen einer Theorie, derzufolge Licht *niemals* durch leeren Raum strahlen kann, der keinen Äther, keine Trägersubstanz für Lichtwellen aufweist, die Sterne noch längst nicht für Sinnestäuschungen halten. Und wir gehen auch nicht grundsätzlich davon aus, daß alle Märchen und Sagen nur Hirngespinste oder Phantastereien sind, bis das Gegenteil bewiesen ist oder bis wir mehr über das Nervensystem wissen oder über die Beziehungen zwischen Geist und Gehirn. In einer kulturellen Situation jedoch, in der die Reinkarnation sowohl theologisch als auch wissenschaftlich verpönt ist, werden wir wohl kaum auf kleine Jungen hören, wenn sie davon reden.

Fassen wir zusammen: Ich habe darzulegen versucht, daß die theoretische Wahrscheinlichkeit für eine Reinkarnation sehr hoch ist, auch wenn man Beweise aus dem Bereich der Parapsychologie außer acht läßt und selbst dann, wenn man keine Erklärung für die Übermittlung der Erinnerung findet. Ich habe wohlweislich vermieden, Argumente, die sich auf die Begriffe Moral oder Vergeltung stützen, mit heranzuziehen, weil ich sie für unerheblich halte und weil ich meine, Glück oder Unglück eines Menschen lassen sich nicht auf ein früheres Leben zurückführen. Das wäre lediglich eine nachträgliche Feststellung, wie alle Versuche, die Gegenwart durch die Vergangenheit zu rechtfertigen, etwas Nachträgliches an sich haben. Es jedoch unglaubhaft zu finden, daß man mehr als ein Leben hat, ist im Grunde nur intellektuelle Borniertheit. Es ist ebenso unglaubhaft, daß wir dieses eine haben. Und es ist noch unglaubhafter, daß alles, was *einmal* geschehen ist, nicht nochmals geschehen könnte.

Januar 1972

KONSEQUENZEN DES KARMA

Die hinduistisch-buddhistische Theorie vom Karma ist einfacher und zugleich komplizierter als generell angenommen. Gemeinhin wird Karma als eine Art von mechanischem Vergeltungssystem angesehen, demzufolge übles Handeln üble Konsequenzen und gutes Handeln gute Konsequenzen für den Handelnden nach sich zieht — in diesem oder einem zukünftigen Leben. Eine böse Tat an einem anderen Wesen ist gleichzeitig dessen persönliches Karma, das Ergebnis seines eigenen üblen Handelns, und außerdem beschwört es Böses für den Missetäter herauf. Eine gute Tat ist das karmische Verdienst dessen, dem sie widerfährt, und sie kommt dem Ausführenden zugute. Im allgemeinen wird Karma nicht als Schicksal verstanden, denn man hat jederzeit die Freiheit, ungeachtet seines aus der Vergangenheit angesammelten Karmas gutes oder schlechtes Karma in Gang zu setzen. Dementsprechend handelt es sich bei Karma um ein Moralgesetz von Ursache und Wirkung, das in der Struktur des Universums verankert ist.

Eigentlich bedeutet das Wort Karma nichts weiter als ,,Handeln'' oder ,,Tun'' und beinhaltet nicht die Vorstellung eines dem Universum inhärenten unpersönlichen Systems von Moral und Gerechtigkeit, das die menschlichen Konventionen von Gut und Böse anerkennt und abwägt. Wir sagen zum Beispiel von jemandem, der bei einem Flugzeugabsturz ums Leben gekommen ist: ,,Das war sein Karma.'' Das heißt aber nur: ,,Was scheinbar ein Unfall war, ist auf seine eigenen Handlungen und die aller Beteiligten zurückzuführen.'' Allerdings leugnet die buddhistische Philosophie auch die tatsächliche Existenz eines konstanten Egos, das Karma verursachen oder empfangen könnte. Was so aussieht wie ein sich gleichbleibendes, fortbestehendes Wesen, durch das und mit dem etwas geschieht, ist in Wirklichkeit nur ein kontinuierliches Muster, das sich im Strom der Handlungen formt. Stell dir einen Wellenkreis vor, der von einem ins Wasser geworfenen Stein ausgeht. Die ,,Welle'' ist keine Wassermasse, die sich vom Einschlagspunkt aus fortbewegt. Das Wasser steigt und fällt, und die horizontale Bewegung der Welle geht darüber hin, ohne selbst Wasser zu sein. Der Wellenkamm besteht nicht aus Wasser, das vom Zentrum nach außen wandert. Das kann man leicht erkennen, wenn man etwas Farbe in die Wellenbahn fallen läßt: Das gefärbte Wasser wird nicht von der Welle fortgetragen, sondern bleibt, wo es ist. In diesem Sinne ist für die Buddhisten die Vorstellung eines „Selbst", das sich durchs Leben bewegt wie ein Reisender in der Eisenbahn, eine Illusion, der scheinbaren Aufwärtsdrehung einer kreisenden Spirale vergleichbar.

Ähnlich dem Auf und Ab der Welle ist mein *Karma* ein fortdauerndes Muster, das sich durch mein Tun und Lassen zieht und das 1971 genauso wie 1950 als Alan Watts oder vielmehr als etwas „Alan-Wattsendes" identifiziert wird. Dieses Muster jedoch besteht gleichermaßen aus dem, was es „tut", und dem, was ihm „geschieht". Beides zusammen erst begründet seine Bewegungen und Verhaltensweisen. Wie könnte ich gehen, wenn die Sonne mich nicht wärmte? Mein Körper nimmt Form an durch die Spannkraft meiner Knochen und Muskeln einerseits und den umgebenden Luftdruck andererseits. Mit anderen Worten, Form und Funktion hängen in gleichem Maße von der Erbmasse wie von der Umgebung ab. Ebenso entsteht die Form eines Flusses zum einen aus der Schwerkraft des Wassers und zum andern aus der Beschaffenheit seiner Ufer.

Was bedeutet dann aber die Feststellung, alles, was mir rein zufällig passiert, sei mein eigenes Karma oder Handeln? Sie besagt zuerst einmal, daß kein Ich zu erkennen ist, solange nicht auch zugleich ein Nicht-Ich erkennbar wäre, und daß wir das, was jemand freiwillig tut, nur begreifen können in Relation zu dem, was ihm unfreiwillig geschieht. Und zweitens: Das Alan-Watts-Karma oder -Muster hat nicht nur Anteil an beidem, sondern es *ist* beides. Wenn mein Karma aber sowohl das, was ich tue, als auch das, was mir geschieht, ist, habe ich mich bisher zu einseitig gesehen. Ich bin nicht allein auf seiten des Gebens und Empfangens, sondern zugleich auf seiten all dessen, was außerhalb meiner selbst abläuft und was ich als nicht zu mir gehörig betrachte. Und doch bleiben wir in unserem Denken und Wahrnehmen einseitig. In der Gestalt-Psychologie hat man längst erkannt, daß wir eine Form wahrnehmen, ohne den Hintergrund zu beachten. Die neue Ganzheit aber, das Selbst, das sich nur abzeichnet, wenn sowohl der freiwillige als auch der unfreiwillige Aspekt des Karmas in Betracht gezogen wird, geht weit über alles hinaus, was man einseitig und eng als Alan Watts oder Fritzchen Müller bezeichnen kann. Wenn ich mein spezifisches „Selbst" ausschließlich in Beziehung zu einem spezifischen „anderen", das mich umgibt, sein kann, folgt daraus, daß jede Form, jedes erkennbare Muster im Universum alle anderen impliziert. In der Philosophie des Mahayana-Buddhismus gibt es dafür den Begriff des *dharmadhatu*, der wechselseitigen Durchdringung und Abhängigkeit aller Dinge und Ereignisse — eins in allem, und alles in einem.

In der hinduistischen Philosophie wird dem Ich zumeist eine gewisse Realität zugesprochen, es ist der *purusha* oder *jivatman*, der Zeuge oder Wissende hinter allen Erfahrungen. Auch von hier aus kommt man zum gleichen Schluß, allerdings auf einem etwas anderen Weg. Wenn mir bewußt wird, daß alles, was mir geschieht, d.h. der Rest der Welt, mein Karma oder Handeln ist, wird mir auch klar, daß mein spezifischer *jivatman* eigentlich der *atman* ist, das überindiviuelle Selbst, das mit Brahman, dem Selbst des Universums, identisch ist. Wenn das zentrale „Selbst" und das umgebende „andere" voneinander abhängig sind, sind sie dem Wesen nach eins, wie sehr sie sich auch dem Anschein nach unterscheiden. Was nach außen hin zwiegeteilt oder *dvaita* ist, ist im Wesen ungeteilt oder *advaita*. Ob wir nun vom Buddhismus oder Hinduismus ausgehen, kommen wir doch zur gleichen Erkenntnis eines „kosmischen Bewußtseins", das nicht eingeschränkt ist auf das vom Willen kontrollierte Karma eines Individuums.

Solange wir jedoch an dieser Einschränkung festhalten, stehen wir auf der Seite des Willens und versuchen, ihn endlos auszudehnen. Was wir tun, ist uns zu eigen, und was uns geschieht, ist uns fremd, und so weiten wir den Bereich, von dem wir Besitz ergreifen und den wir kontrollieren können, immer mehr aus. Unsere heutige Technologie ist das wichtigste Werkzeug dieser Ausweitung, und erst jetzt werden wir gewahr, daß diese Ausweitung der durch den Willen geschaffenen Freiräume auch unsere Zwänge vermehrt, denn unser Leben wird in zunehmendem Maße von Maschinen bestimmt. Die Art unserer Nahrung, Kleidung, Wohnung, unserer Reisen, unseres Lebensstils überhaupt wird uns mehr und mehr von den Gesetzen der mechanischen Effizienz zudiktiert, und wir haben bereits den Punkt überschritten, wo es ohne nicht mehr geht. Es ist durchaus denkbar, daß die Maschinen eine Umwelt schaffen, in der nur Maschinen überleben können, daß sie selbst den willentlichen Aspekt des

Karmas an sich reißen, bis die biologische Welt an Überreglementierung und Auszehrung zugrundegeht. Maschinen lassen sich nicht durch Emotionen und zarte Gefühle beirren. Aber gerade das ist unsere Stärke: daß wir ein Gefühl haben können für das, was wir nicht selbst sind, und uns dazu bekennen können — und wenn die Maschinen diesen Akt der Transzendenz von Selbst und anderem nicht vollziehen, werden sie sich noch schneller zerstören, als die Menschen sich kaputtgemacht haben.

Aus der Überbetonung der aktiven, vom Willen geprägten Seite des Karmas erwächst Unkenntnis *(avidya)* des anderen, und diese Unkenntnis wiederum führt zu Gier und Machthunger *(trishna)*, die von Buddha als Wurzeln des Leidens bezeichnet werden. Darum bestimmte er als sein *dharma* oder Lebensprinzip den Mittleren Weg, den Weg des Erbarmens — nach beiden Seiten hin offen zu sein und Achtung und Anerkennung auch den scheinbar willkürlichen, uns aufgezwungenen Aspekten unseres Karmas entgegenzubringen. Durch diese Haltung wächst die Toleranz gegenüber unerwarteten und außerplanmäßigen Geschehnissen, gegenüber Lebensformen und Lebensstilen, die anders als unsere eigenen sind, gegenüber allem, was krumm, schlüpfrig, windschief und bucklig ist im Unterschied zu allem Geraden, Rechtwinkligen, Kantigen und Genormten, zu allem, was den gewachsenen Formen der natürlichen Welt widerspricht. Vielleicht hat uns Händels Musik geblendet, daß uns nicht mehr schaudert bei den Worten Jesajas:

> Es ist eine Stimme eines Predigers in der Wüste: Bereitet dem Herrn den Weg, macht auf dem Gefilde eine ebene Bahn unserm Gott! Alle Täler sollen erhöht werden und alle Berge und Hügel sollen erniedrigt werden, und was ungleich ist, soll eben, und was höckericht ist, soll schlicht werden.

In Kalifornien ist das alles schon in die Wege geleitet.

Wir lehnen uns gegen die Umwelt auf und bekämpfen sie, aber unsere Methoden und Waffen selbst werden ein Teil von ihr und vermehren den nicht mehr vom Willen kontrollierbaren Anteil des Karmas. Alle Power-Trips enden so wie die Geschichte vom Zauberlehrling, egal, ob es dabei um materielle, psychische oder geistige Macht geht. Darum sollte man sich nicht irreführen lassen von den zahlreichen Psychotechniken und spirituellen Wegen, die immer größere Kontrolle über Fühlen und Denken versprechen oder sogar magische Kräfte verheißen. All diese Methoden sind — sofern sie nicht von vornherein darauf angelegt sind, das Selbst zu negieren und so die Machtgier ad absurdum zu führen — lediglich eine raffiniertere Art von „Ego-Trips", die allerdings oft sensationelle, kurzfristige Ergebnisse herbeiführen, so daß die Leute leicht auf die Pseudo-Gurus hereinfallen, die damit werben. Selbst der tibetanische Buddhismus, auf den Romantiker gern ihre wilden Phantasien von spiritueller Kraft und Magie projizieren, trifft eine klare Unterscheidung zwischen dem Weg der Macht und dem Weg der Weisheit und betont, daß der Weg der Macht, wie weit man auch darauf fortschreiten mag, niemals zur Buddhaschaft führt.

Auf dem Weg der Weisheit hingegen lernt man, Dinge, die einem zustoßen, als eigenes Karma anzuerkennen — als eigenes Handeln, nicht als Bestrafung für Missetaten oder Lohn der Tugend (denn es gibt in Wirklichkeit kein „gutes" oder „schlechtes" Karma). Folgst du diesem Weg, erkennst du, daß dein wirkliches Selbst alle Aspekte der Erfahrung einschließt, ob sie deiner Kontrolle unterliegen oder nicht. Wir haben uns zur Gewohnheit gemacht, die „Primitiven" zu verachten, weil sie an die Beseeltheit aller Natur glauben und Bergen, Flüssen, Bäumen und Tieren die gleiche Verehrung entgegenbringen wie Menschen, und doch sind sie auf dem richtigen Weg: Wer die Beseeltheit der Natur erkennt (statt Maschinen anzubeten), hat schon den ersten Schritt getan, sich zur Natur zu bekennen, wie er sich zu seinem Kopf und Leib, seinen Sehnsüchten und Träumen bekennt, denn die Natur ist nichts anderes als die Tätigkeit unseres eigenen Unbewußten. Aber fast jeder gebildete Mensch ist in dem Glauben aufgewachsen, alles außerhalb der menschlichen Haut sei unvernünftig und Luft, Wasser, Erde und Feuer seien einfach tote, geistlose Substanzen. Zugleich wurde ihm beigebracht, den „Lauf der Dinge" als völlig losgelöst von seinem eigenen Innenleben zu betrachten.

Das alles soll natürlich nicht besagen, daß die Natur so zweckorientiert und zielbewußt ist wie wir mit unserem Erkenntnisstreben, unserer Logik und unseren Rechenkünsten. Die Natur ist nur zweckorientiert und zielbewußt, wenn sie sich im Menschen manifestiert, während sie gelb, langhalsig und gefleckt ist, wenn sie sich in der Giraffe manifestiert. Ansonsten braucht sie Berechnung und Zielbewußtsein ebensowenig, wie eine

Schlange ein Bein braucht. Nichtsdestotrotz besitzt sie zweifelsohne Intelligenz. Wir sind nicht aus eigener Absicht geboren worden; wir planen weder unseren Atem, noch berechnen wir die Schaltungen unseres Gehirns. Und doch verschließen wir erstaunlicherweise unsere Augen vor der Tatsache, daß wir ohne diese wunderbar absichtslosen und selbsttätigen Funktionen nicht dazu in der Lage wären, irgendeinen Zweck zu verfolgen. Der Gedanke, es könne andere Formen von Intelligenz geben, die nicht nach unseren linearen, chronologischen Methoden des Beobachtens und Sondierens vorgehen, ist uns fremd. Aber sowenig wir das Fernsehbild eines Politikers mit dem Politiker selbst verwechseln, sollten wir unsere linearen Weltmodelle mit der Welt selbst gleichsetzen.

Ich bin nicht der einzige, der seit Jahren darauf hingewiesen hat, daß die Zerstörung der Umwelt auf der Geringschätzung all dessen beruht, was außerhalb der menschlichen Haut liegt, auf unserer Blindheit gegenüber der Tatsache, daß die Erde Menschen hervorbringt, wie eine Wiese blüht, und daß die Weltmeere, die Luft und sogar das Sonnensystem ebenso lebenswichtige Organe für uns sind wie Herz und Magen. Wir leben nicht *in* der Natur, sondern wir *sind* die Natur. Und doch herrschen wir als Gebieter der Technik über die Natur, als ob wir uns noch immer für Fremde in dieser Welt hielten, auf die Erde herabgefallen aus einem vergeistigten Himmel. Seltsamerweise entpuppen sich gerade die sogenannten Naturalisten und Materialisten bei näherer Betrachtung als trockene Theoretiker und blindwütige Zerstörer des Materiellen.

Im Endeffekt findet man idealistische und materialistische Philosophien Seite an Seite. Sie stellen zwar zwei gegensätzliche *Begriffssysteme* der Wirklichkeit dar, aber die Wirklichkeit (die Natur) ist eben kein Begriffssystem. Sie ist weder materiell, wenn „materiell" geistlos heißen soll, noch ideell, wenn „ideell" substanzlos heißen soll. Man könnte vielleicht sagen, das Rauschen der Wellen sei eine geistige Erfahrung und reine Mathematik eine physikalische Operation des Nervensystems. Die Sache ist nur die, daß unsere Vorstellungen von der Wirklichkeit die Realität in Begriffe fassen, aber nicht mit ihr eins werden. Alle Begriffssysteme — Idealismus, Materialismus, Determinismus, Vitalismus, Mechanismus usw. — entfernen sich vom Mittleren Weg, wo der Wind dein Atem ist und deine Gedanken Wolken am Himmel.

25. Februar 1971

DAS SPEKTRUM DER LIEBE
(Nachschrift eines Vortrags)

Wir wissen, daß von Zeit zu Zeit Menschen unter uns sind, die Liebe auszustrahlen scheinen wie die Sonne Hitze. Diese Leute sind normalerweise im Besitz enormer schöpferischer Kräfte, und wir alle beneiden sie darum. Die Religionen der Menschheit sind im großen und ganzen nichts weiter als der Versuch, diese besonderen Kräfte im gewöhnlichen Sterblichen zu wecken. Leider stellen sie sich dabei nicht sehr geschickt an oder schütten gleich das Kind mit dem Bade aus. Ich erinnere mich noch, wie ich als kleiner Schuljunge meine Schularbeiten um jeden Preis richtig machen wollte. Jeder sagte mir, ich würde nicht genug arbeiten, ich müsse härter arbeiten, aber wenn ich fragte: „Wie arbeitet man denn?", kam keine Antwort.

Ich war vollkommen verwirrt. Da waren nun Lehrer, die offensichtlich wußten, wie man arbeitet, denn sie hatten so manchen Gipfel der Gelehrsamkeit erklommen. Ich dachte in meinem Sinn, ich könnte vielleicht hinter das „Geheimnis" kommen, wenn ich sie nachmachte. Also imitierte ich ihre Handschrift, benutzte die gleiche Art Federhalter, versuchte mich in gleichen Redewendungen und Gesten und hielt sogar mit ihrer Kleidung Schritt, sofern ich um die Schuluniform herumkommen konnte. (Es handelte sich um eine Privatschule in England, nicht um eine öffentliche amerikanische Schule.)

Nichts von alledem enthüllte mir das Geheimnis. Ich kopierte lediglich die äußeren Formen, ohne zum inneren Quell der Lernfähigkeit vorzustoßen. Genau das gleiche gilt für Leute, die Liebe ausstrahlen. Wenn wir diese Menschen, denen die Macht der Liebe zu eigen ist, unter die Lupe nehmen, können wir vielleicht herausfinden, wie sie sich in verschiedenen Situationen verhalten, und daraus bestimmte Regeln ableiten.

Eigenartig berührt uns bei Menschen, in denen diese erstaunliche, allumfassende Liebe wirkt, daß die geschlechtliche Liebe sie oft ziemlich kalt läßt. Das liegt daran, daß sie mit *jeder* Faser ihres Wesens dabei sind, wenn sie in eine erotische Beziehung zur Außenwelt treten. Ihr gesamter

Organismus — Leib, Psyche und Geist — ist erogene Zone. Der Strom ihrer Liebe fließt nicht ausschließlich durch ihre Geschlechtsorgane, wie bei den meisten anderen Menschen. Aber was soll man von einer Kultur wie der unsrigen, in der die geschlechtliche Liebe jahrhundertelang vollkommen unterdrückt war, anderes erwarten als Begierde danach? Als Folge der zweitausend Jahre andauernden Unterdrückung haben wir jetzt den „Kopf voller Sex". Da gehört er aber nicht unbedingt hin.

Menschen, die Liebe ausstrahlen, sind in jeder Hinsicht wie Flüsse — sie strömen. Wenn sie Besitztümer oder allerlei Dinge gesammelt haben, die sie mögen, neigen sie dazu, sie an andere wegzugeben. (Hast du nicht bemerkt, daß du mehr zurückbekommst, wenn du etwas verschenkst? Und daß sich ein Vakuum, das du geschaffen hast, um so reichlicher wieder füllt?)

Die Gesetzeshüter in Sachen Liebe haben das sehr richtig beobachtet, und sie sagen deshalb, du solltest für steuerbegünstigte Institutionen und die Armen spenden, freundlich zu deinen Mitmenschen sein und dich deinen Verwandten und Freunden, ja sogar deinen Feinden gegenüber so verhalten, als liebtest du sie (selbst wenn das nicht der Fall ist). Christen, Juden und anderen Gottgläubigen ist noch eine besonders schwere Pflicht auferlegt, nämlich „du sollst den Herrn lieben", und zwar nicht nur äußerlich, sondern von ganzem Herzen, von ganzer Seele und von ganzem Gemüt. Und das sind natürlich hohe Anforderungen.

Das ist so, als bewunderten wir die Musik eines bestimmten Komponisten und würden, nachdem wir uns gründlich mit seinem Lebensstil vertraut gemacht haben, Kompositionsregeln aufstellen, die sich aus seinem Verhalten herleiten. Dann tun wir ein übriges und schicken unsere Kinder auf ein Konservatorium, wo sie diese Regeln in der Hoffnung einstudieren, dadurch erstklassige Musiker zu werden — und das geht meistens schief. Denn die Regeln der Komposition, wie auch die Regeln der Moral oder der Sprache, sind sehr wichtig, solange man etwas durch sie ausdrücken will, aber wenn man nichts mitzuteilen hat, werden einem auch die hervorragendsten Sprachkenntnisse nicht zustatten kommen.

Die Frage bleibt also offen. Alles Imitieren nützt nichts. Was wir suchen, ist absolut lebenswichtig für uns, wir kommen ihm jedoch nicht auf die Schliche. Es steht fest, daß die Menschen nicht in Harmonie leben können, solange sie nicht dazu fähig sind, einander zu lieben. Die Frage lautet: Wie kommen wir an die Liebe? Fliegt sie uns einfach zu, so wie Masern? Oder ist sie, wie die Theologen behaupten, ,,ein Gnadengeschenk Gottes'', das dem einen zugeteilt wird und dem anderen nicht? Und wenn es unmöglich ist, durch irgendwelche Handlungen der göttlichen Gnade teilhaftig zu werden, wie es die Calvinisten hinstellen, sollten wir uns dann nicht einfach hängen lassen und abwarten, was passiert?

Es kann eigentlich niemandem daran gelegen sein, uns in einer derart hoffnungslosen Lage stecken zu lassen. Es muß einen Weg geben, ,,Gnade'' oder ,,göttliche Güte'' oder ,,göttliche Liebe'' zu erlangen — irgendeine Möglichkeit, uns an das Leitungsnetz anzuschließen, durch das der Strom fließt.

Findigere Moralprediger wollen uns zeigen, wie man sich öffnet, und leiten uns zu Meditations- und anderen Geistesübungen an, die uns mit dem Strom in Berührung bringen sollen. Weniger einfallsreiche Moralprediger werfen uns einfach vor, uns fehle es an Glauben, Mut und Willenskraft: ,,Leg dich nur tüchtig ins Zeug, dann wirst du ein vorbildlicher Heiliger.''

In Wirklichkeit bist du vielleicht nur ein außerordentlich cleverer Heuchler. Die gesamte Religionsgeschichte ist eine Geschichte erfolgloser Moralpredigten. Moralpredigen ist eine Art von Gewaltanwendung. Wenn man im sogenannten praktischen Leben auf Leute trifft, die sich nicht so verhalten, wie man selbst für richtig hält, ruft man Polizei oder Militär oder andere Diener der Staatsgewalt auf den Plan. Und kommt einem das irgendwie zu brutal vor, versucht man es lieber mit Vorträgen — ,,Strafpredigten'' — und ernsten Aufforderungen, doch Besserung zu geloben.

Wie oft sagt eine Mutter zu ihrem Kind: ,,Brave Kinder haben ihre Mutter lieb. Und ich bin sicher, du bist ein braves Kind. Du mußt deine Mutter liebhaben, weil du das wirklich willst, nicht weil ich, deine Mutter, das sage.'' Das Übel ist nur, daß im tiefsten Herzen keiner von uns eine Liebe akzeptiert, die nicht aus freien Stücken entgegengebracht wird. Ein Beispiel: Dein Vater oder deine Mutter ist krank, und du als Tochter oder Sohn fühlst dich verpflichtet, dich um sie zu kümmern, weil sie soviel für dich getan haben. Aber irgendwie hält dich dein Zusammenleben mit Vater und Mutter davon ab, selbst eine Wohnung zu haben und dein eigenes Leben zu führen, und natürlich ärgerst du dich darüber. Deine Eltern merken ganz genau, daß dich das wurmt, auch wenn sie so tun, als wüßten sie von nichts. Sie haben also dauernd Schuldgefühle, dir die Anhänglichkeit aufgezwungen zu haben. Du wiederum willst dir nicht eingestehen, daß du ihnen übelnimmst, krank geworden zu sein, obwohl sie gar nichts dafür können. Und so hat keiner rechte Freude an dem trauten Verhältnis. Es ist schließlich nur noch eine lästige Verpflichtung, der man nachkommen muß.

Die gleiche Geschichte wiederholt sich dann: Eines Tages heiratest du und gibtst (am Altar) das feierliche und schreckliche Versprechen ab, deine Frau oder deinen Mann zu lieben, in Freud und Leid, für immer und ewig, „bis daß der Tod euch scheidet". Nach einigen Jahren jedoch kommt dir plötzlich zum Bewußtsein, daß du leergelaufen bist. Und dann erwachen die Schuldgefühle, denn du weißt, daß es deine Pflicht wäre, Frau (oder Mann) und Kinder zu lieben.

Das Problem ist folgendes: Es ist absolut unmöglich, einen eigennützigen Menschen zu *lehren*, *uneigennützig* zu sein. Was immer ein eigennütziger Mensch tut, ob er nun seinen Körper zur Verbrennung freigibt oder seine gesamte Habe an die Armen verteilt, er tut es aus selbstischen Gründen, wenn er es auch mit List und Tücke fertigbringt, sich selbst und andere zu täuschen. Aber vorgetäuschte Liebe hat fast unweigerlich verheerende Konsequenzen, denn sie führt zu Ressentiments, sowohl bei dem, der sie vortäuscht, als auch bei dem, der sie empfängt. (Das mag auch der Grund dafür sein, warum unsere Entwicklungshilfe bisher ein so trauriger Fehlschlag war.)

Du kannst natürlich sagen, das alles gebe keinen rechten Sinn, und fragen: „Sollen wir denn nun Däumchen drehen und warten, bis wir innerlich verwandelt sind und durch Gottes Gnade oder andere Wunder lieben lernen? Sollen wir uns in der Zwischenzeit um nichts kümmern und so selbstsüchtig bleiben, wie wir sind?"

Hier geht es zuerst einmal um Aufrichtigkeit. Am Anfang der Dinge spricht der Herrgott: „Du sollst Gott, deinen Herrn, lieben von ganzem Herzen, von ganzer Seele und von ganzem Gemüte." Was wie ein Gebot aussieht, ist in Wirklichkeit eine Herausforderung, nämlich das, was im Zen-Buddhismus *Koan* genannt wird, ein geistiges Problem. Wenn du mit aller Entschlossenheit übst und *versuchst*, Gott oder deinen Nächsten zu lieben, wirst du merken, wie du dich immer mehr verhedderst. Es wird dir immer klarer, daß du dieses angebliche Gebot zu erfüllen suchst, weil du es allen recht machen willst.

Aber die Liebe ist kein seltener Handelsartikel — jeder hat sie. Dasein ist Liebe. Jeder ist im Besitz dieses Kraftstroms. Vielleicht entdeckst du die Liebeskraft in dir als leidenschaftliche Vorliebe für geistige Getränke, für Eis am Stiel oder Autos oder gutaussehende Vertreter(innen) des anderen oder auch eigenen Geschlechts. Jedenfalls ist die Liebe da am Werk. Die Menschen tendieren dazu, zwischen verschiedenen Arten von Liebe zu unterscheiden. Danach gibt es ,,gute'' Arten wie die himmlische Liebe und ,,schlechte'' Arten wie die ,,tierische Lust''. Doch dies sind alles Formen von ein und derselben Sache. Sie hängen in ähnlicher Weise zusammen wie Spektralfarben, die das Licht erzeugt, wenn es durch ein Prisma fällt. Wir können sagen, das rote Ende des Spektrums der Liebe sei Freuds Libido und das violette Ende des Spektrums der Liebe sei *Agape*, die göttliche Liebe oder himmlische Güte. Und die verschiedenen Gelb-, Blau- und Grüntöne in der Mitte seien Freundschaft, Zuneigung und gegenseitige Hochachtung.

Nun heißt es ja, selbstsüchtige Menschen würden ,,sich selbst lieben''. Ich möchte aber behaupten, daß das ein völlig falsches Bild der Sache zeichnet: ,,dich selbst'' kannst du unmöglich lieben. Aus dem einleuchtenden Grunde, weil das Selbst, wenn man sich darauf konzentriert, um es zu erkennen oder zu lieben, seltsam unfaßbar wird.

Ich will veranschaulichen, warum. Es war einmal ein Fisch, der lebte im weiten Meer, und weil das Wasser durchsichtig war und ihm stets Platz machte, wenn er darin herumschwamm, merkte er gar nicht, daß er im Meer war. Eines Tages nun machte sich der Fisch an etwas sehr Gefährliches, er fing an zu *denken*: ,,Sicherlich bin ich ein Wunderwesen, da ich mich mitten im leeren Raum so umherbewegen kann.'' Dann geriet er in Verwirrung, weil er über Bewegung und Schwimmen *nachdachte*, und plötzlich erstarrte er vor Angst bei dem Gedanken, er könnte vergessen, wie man schwimmt. In diesem Augenblick sah er unter sich die gähnende Tiefe des Meeres, und Entsetzen packte ihn, er könne da hinunterfallen. Dann fiel ihm ein: ,,Wenn ich meinen Schwanz ins Maul nehmen würde, könnte ich mich halten.'' Und so fing er an, sich zu krümmen und nach seinem Schwanz zu schnappen. Unglücklicherweise war sein Rückgrat nicht biegsam genug, und alle Anstrengung war vergebens. Während er weiter versuchte, seinen Schwanz zu fassen zu bekommen, erschien ihm der Abgrund immer grauenvoller, und er war am Rande eines Nervenzusammenbruchs.

Als er schon aufgeben wollte, fragte der Ozean, der die ganze Zeit lang mit aus Mitleid und Belustigung gemischten Gefühlen zugesehen hatte: ,,Was machst du denn da?'' ,,Ach'', antwortete der Fisch, ,,ich habe tödliche Angst, ich könnte in die dunkle Tiefe stürzen, und deshalb versuche ich, mit meinem Maul meinen Schwanz zu packen, damit ich mich halten kann.'' Das Meer aber sagte: ,,Schön und gut, du hast das jetzt schon so lange Zeit versucht und bist immer noch nicht hinabgefallen. Wie kommt das?'' ,,Je nun, natürlich bin ich bis jetzt noch nicht abgestürzt'', erwiderte der Fisch, ,,denn . . . denn — ich schwimme ja!'' ,,Na siehst du'', kam die Antwort, ,,ich bin das Weite Meer, in dem du lebst und munter bist wie ein Fisch im Wasser, ich habe mich dir ganz überlassen, damit du in mir schwimmen kannst, und ich trage dich sicher, solange du schwimmst. Du aber, statt mich der Länge und Breite, Tiefe und Höhe nach zu erforschen, vertust deine Zeit damit, deinem eigenen Schwanz nachzujagen.'' Von da an ließ der Fisch sein Schwanzende hinter sich (wo es auch hingehört) und begab sich auf Abenteuerreise.

Diese Geschichte enthüllt uns einen der Gründe, warum es so schwierig ist, sich selbst zu lieben: Unser Rückgrat ist nicht biegsam genug.

Ein weiterer Grund ist der, daß ,,man selbst'' oder das, was man das Ich nennt, nicht existiert. Es scheint nur vorhanden zu sein, im gleichen Sinne wie der Äquator nur als abstrakter Begriff existiert. Das Ich ist kein Organ von Psyche oder Körper, sondern eine gesellschaftliche Konvention wie der Äquator, wie Uhr oder Kalender oder Geldnoten. Diese Konventionen sind nichts weiter als abstrakte Begriffe, Übereinkünfte, die wir so behandeln, als existierten sie wirklich. Wir stehen genauso in Beziehung zur Außenwelt wie das eine Ende eines Stocks zum andern. Die Enden sind zwar unterschiedlich, aber vom selben Stock.

Dem entspricht die polare Beziehung zwischen dem, was du dein ,,Selbst'' nennst, und dem, was du als ,,anderes'' betrachtest. Ohne Kenntnis vom ,,anderen'' zu haben, könntest du auch dein ,,Selbst'' nicht erkennen, und ohne die Kenntnis deines ,,Selbst'' wäre das ,,andere'' nicht erkennbar. Dagegen könnte man sagen, ,,Selbst'' und ,,anderes'' sind so verschieden wie Nord- und Südpol, Welten liegen zwischen ihnen. Aber „Pole" haben etwas gemeinsam, sie sind Pole *von etwas,* von einem Magneten oder der Erdkugel, und dadurch sind sie untrennbar. Was passiert, wenn du mit einer Eisensäge den Südpol eines Magneten absägst? Das neue Ende gegenüber dem alten Nordpol *wird* zum Südpol, und das abgesägte Stück entwickelt einen eigenen Nordpol. Pole sind untrennbar und bedingen sich gegenseitig.

So ist es auch mit der Beziehung zwischen dem „Selbst" und dem „anderen". Gehst du einmal der Bedeutung des„Sich-selbst-Liebens" auf den Grund, wirst du die überraschende Entdeckung machen, daß alles, was du liebst oder gern magst, etwas ist, von dem du dachtest, es sei *anders* als du selbst, mag es sich auch um so profane Dinge wie Schokolade oder Schnaps handeln. Du „bist" weder Schnaps noch Schokolade, aber sie werden ein Teil von dir, wenn du sie dir einverleibst. Nur „hast" du sie dann nicht mehr, und deshalb verlangst du nach einem weiteren Schnaps, einem neuen Stück Schokolade. Solange du etwas liebst, *bist* du es nicht. Auch wenn du Menschen liebst, und sei es nur aus Eigennutz (damit sie dich wiederlieben), ist immer jemand *anderes* der Gegenstand deiner Liebe. Folgst du aber den Spuren deines Eigennutzes noch weiter, machst du eine Reihe interessanter Wandlungen durch.

Eine der interessantesten Verwandlungen ist die, daß du auf direkte und ehrliche Weise „eigennützig" wirst. Du täuschst niemanden mehr. Viel Schaden wird in den zwischenmenschlichen Beziehungen allein dadurch angerichtet, daß man behauptet, jemanden zu lieben, sich in Wahrheit jedoch nur dazu verpflichtet fühlt. Du weckst bestimmte Hoffnungen, und dann werden Erwartungen an dich gestellt, die du nie erfüllen kannst.

Wenn man sagt: „Ich mag den und den, weil man bei ihm oder ihr immer weiß, wo man dran ist", stutzt man die Leute schon auf seine Bedürfnisse zurecht. Fragt man hingegen: „Kann ich vorbeikommen und bei dir übernachten?" und dem anderen paßt es nicht und er antwortet: „Tut mir leid, aber ich bin dieses Wochenende müde und möchte lieber allein sein" oder: „Ein anderes Mal", dann ist das ausgesprochen erfrischend. Denn wenn ich das Gefühl habe, daß mein Gastgeber nicht ehrlich war, und trotzdem seine Gastfreundschaft in Anspruch nehme, muß ich mich fortwährend fragen, ob er mich nicht im Grunde lieber los sein möchte.

Aber wir hören nicht immer auf unsere innere Stimme und tun oft so, als wäre sie gar nicht da. Das ist schade, denn dadurch verschließen wir unsere Ohren auch vor der eigenen Weisheit und Liebe. Wir verdrängen etwas und gleichen darin dem Gastgeber, der zu verdrängen sucht, daß er unseren Besuch gegenwärtig nicht sonderlich schätzt. Stell dir vor, du wärst verheiratet und hättest ein ungewolltes Kind. Ein Kind leidet unter vorgetäuschter Liebe. Mit der Muttermilch fängt es an, sie hat einen Beigeschmack, vielleicht ist sie etwas bitter. Nach außen hin heißt es: ,,Herzchen, ich habe dich lieb'', aber die Milch schmeckt nach: ,,Kleiner Bastard, du gehst mir auf die Nerven.''

Nur wenige von uns sind bereit zuzugeben, daß sie ihre Kinder nicht lieben, weil das als unnatürlich gilt. Wir rühmen die Mutterliebe als die schönste und natürlichste Sache der Welt. Aber sie ist es nicht. Sie ist relativ selten, und wenn du dein Kind nicht wirklich liebst, bringst du es damit nur in Verwirrung. Das Kind würde eher akzeptieren, wenn du sagst: ,,Süßes, du bist eine regelrechte Plage, aber ich werde mich um dich kümmern, weil ich ja wohl muß.'' Das schafft klare Verhältnisse!

Für mich gibt es in allen persönlichen Beziehungen eine goldene Regel: niemals falsche Gefühle zu zeigen. Deshalb muß man nicht gleich die Holzhammermethode anwenden. Aber Gefühle vorzutäuschen hat eine zersetzende Wirkung, gerade bei Familienangelegenheiten, zwischen Mann und Frau oder bei Liebenden; es nimmt immer ein böses Ende. Wenn ich gelegentlich für enge Freunde eine Trauzeremonie abhalte, sage ich statt: ,,Versprecht ihr, euch die Treue zu halten in guten und in bösen Tagen, in Gesundheit und Krankheit, und euch zu lieben, zu achten und zu ehren, bis daß der Tod euch scheidet?'' lieber: ,,Versprecht ihr, einander nie Liebe zu heucheln?'' Das ist gewagt. Aber es ist ebenso gewagt, sich selbst für unfehlbar in der Liebe zu halten.

Wer sich überhaupt zutraut, lieben oder Liebe wecken zu können — das heißt mit anderen Worten, immer ein geselliger und kreativer Partner zu sein —, nimmt ein Risiko auf sich. Denn ob du dich in jemanden verliebst oder eine Verbindung mit jemandem eingehst, in den du volles Vertrauen setzt, kann es doch sein, daß er deine Erwartungen keineswegs erfüllt. Dieses Risiko mußt du schon auf dich nehmen. Enttäuschtes Vertrauen ist immer noch besser als gar kein Vertrauen.

Wenn du sagst: ,,Ich traue niemandem, nicht einmal mir selbst'', was bleibt dir dann? Nur die Gewalt. Du mußt zu deiner Sicherung Polizeieinheiten einsetzen und dauernd mit gezogenem Schwert herumlaufen und jeden anschreien: ,,Sieh dich vor! Ich bin launisch, viehisch, pervers, verkommen und von Grund auf schlecht.'' Was hättest du davon? Wenn du das Risiko nicht eingehen willst, Vertrauen in deine Liebesfähigkeit zu setzen, bist du, um einen drastischen, aber anschaulichen Vergleich zu gebrauchen, wie ein Mensch, der seiner Verdauung nicht traut. So geht es Kindern, denen ihre Eltern nicht trauen: Sie müssen lernen, ihre Verdauung nach dem Rhythmus der Uhr zu richten statt nach dem natürlichen Rhythmus ihres Körpers. Wer dem natürlichen Rhythmus mißtraut, muß schließlich dauernd Abführmittel schlucken und bringt damit seinen gesamten Organismus durcheinander.

Das gleiche passiert bei Leuten, die sich nicht zutrauen, von selbst einzuschlafen, und alle möglichen Tabletten nehmen, und bei denen, die kein Vertrauen in ihre Liebesfähigkeit haben und ihre Zuflucht zu den verschiedensten Mittelchen und chirurgischen Eingriffen nehmen, um richtig zu funktionieren und das Gesicht nicht zu verlieren. Ihre Liebesfähigkeit nimmt dadurch immer mehr ab, und sie beschwören Unruhe, Mißverständnisse und Chaos für sich selbst, andere und die Gesellschaft herauf.

Das alles heißt, daß man zum Leben und Lieben risikobereit sein muß. Wer das Wagnis auf sich nimmt, wird zwar Enttäuschungen, Fehlschläge und Katastrophen erleben, aber er ist auf dem richtigen Weg.

Ich bin der Ansicht, daß es viel schlimmer ist, wenn man das Risiko nicht eingeht, schlimmer noch als jede denkbare Form von Anarchie. Dadurch, daß du die Liebe abblockst oder unfähig wirst, zu lieben, kannst du ihre Kraft nicht brechen. Wenn du dich vor der Liebe verschließt oder sie nicht herausläßt, wendet sie sich gegen dich. Mit anderen Worten: *Die Alternative zur Selbstliebe ist Selbstzerstörung*.

Was würdest du nun lieber haben? Eine Menschheit, die nicht so ganz unter Kontrolle zu bringen ist und manchmal ein kleines bißchen Amok läuft, alles in allem jedoch ehrlich und fröhlich weiterlebt, solange es noch Anlaß zur Freude gibt? Oder hättest du lieber, daß die gesamte Menschheit in die Luft gejagt und vom Erdboden gefegt würde, so daß nichts vom Erdball übrigbliebe als ein schöner steriler Felsblock ohne die lausige Krankheit ,,Leben''?

Im Grunde geht es nur darum, die Liebe als Spektrum anzusehen. Es gibt nämlich keinen Gegensatz zwischen anständiger Liebe und unanständiger Liebe, geistiger Liebe und körperlicher Liebe, reifer Zuneigung und blinder Leidenschaft. Alles ist Ausdruck der gleichen Kraft. Und du mußt diese Kraft hinnehmen und wachsen lassen, wo du sie findest. Wenn du nur eine ihrer Formen findest und wie eine Blume pflegst und begießt, werden auch die anderen zu blühen beginnen. Aber laß ihr, und das ist das wichtigste, von Anfang an ihren freien Lauf.

November 1969

SCHWARZ UND/ODER WEISS

> Wer der Überzeugung ist, daß ,,Gott die Welt erschaffen hat'', für den hat die Frage: ,,Warum hat Er die Existenz alles Bösen zugelassen oder die des ‚bösen Feindes', der das personifizierte Böse ist?'' keinerlei Bedeutung. Ebensogut könnte man fragen, warum Er nicht eine Welt geschaffen hat ohne die Dimensionen des Raums oder der Zeit.
>
> *Ananda Coomaraswamy*

Von einem Tag zum andern verschärft sich die tragische ,,Farbkrise'' zwischen schwarzen und weißen Menschen (oder sollten wir lieber Farbige und Farblose sagen?) und steuert auf eine schreckliche Auseinandersetzung zu. Was ich dazu vorzubringen habe, mag manchem weitschweifig oder versponnen vorkommen, aber ich halte es für eminent wichtig, tieferen Einblick in die religiösen und metaphysischen Hintergründe von sozialen Unruhen zu gewinnen, zumal wenn deren Folgen immer bedrohlicher werden. Der Westen hat vom Christentum und in geringerem Ausmaß auch vom Judentum gedankliche Assoziationen und Symbole übernommen, die ebenso absurd wie unter den Weltreligionen einzig sind. Betrachte einmal die beiden folgenden Reihen:

Weiß	*Schwarz*
Licht	Dunkelheit
Leben	Tod
Gut	Böse
Gott	Teufel

Das erklärte Ziel der im Westen vorherrschenden Religionen ist es, Reihe 1 zu behalten und Reihe 2 loszuwerden. Die meisten andern Religionen würden über beide hinausgehen. Wir jedoch haben uns einreden lassen, der weiße Aspekt des Universums könne nur als Gegensatz des schwarzen erlebt und mit Freuden genossen werden.

Genaugenommen sind Afrikaner so wenig schwarz, wie Europäer weiß. Aber dann haben zuerst die Europäer und jetzt auch die Afrikaner mit kriegerischem Stolz „weiß" und „schwarz" auf ihr Panier geschrieben und damit einen Gegensatz geschaffen, der krasser und unversöhnlicher ist als der von grauem Rosa und Braun. Doch du, der du so stolz und glücklich bist, weiß zu sein, woher *weißt* du eigentlich, daß du „weiß" bist? Ohne die Kenntis von der Existenz farbiger Menschen hätten wir uns nie als Weiße angesehen, denn in einer Welt von Weißen fällt man als Weißer nicht mehr auf, und auffallen wollen wir doch.

Notwendiges Attribut einer erfolgreichen Persönlichkeit ist allem Anschein nach, „in" zu sein, Mitglied zu sein in einer elitären Gruppe, einer Religionsgemeinschaft, Gesellschaftsklasse oder Rasse, einer Sekte, einem exklusiven Zirkel, einem Verein oder Verband, einer Gang oder einem Geheimbund. Selbst der eigene Körper sieht einem in sich geschlossenen Zellenverband täuschend ähnlich. Aber das grundsätzlichste metaphysische Prinzip, das ich kenne, besagt klar und deutlich, daß jedes Innen ein Außen hat und jedes Außen ein Innen. Beide unterscheiden sich zwar voneinander, sind jedoch untrennbar. Die einzigen Ausnahmen von dieser Regel sind solche Trickgebilde wie die Möbius-Schleife und die Kleinsche Flasche, bei denen es weder vorne noch hinten, weder innen noch außen gibt; hier wird das Prinzip wohl überschritten, nicht aber negiert.

> Wer Tugend hat, der weiß um keine Tugend, und darum ist er tugendhaft.
> Wer keine Tugend hat, der will sie nicht verlieren, und darum ist er tugendlos.
> Der Tugendhafte handelt nicht und führt doch alles zur Vollendung.
> Der Tugendlose handelt, doch nichts vollendet sich.
>
> *Laotse*

Wenn ich also „in" oder „Insider" bin, muß jemand anders „out" oder Außenseiter sein, und folglich schulde ich ihm Dank dafür, daß ich „in" bin. Und wenn ich mich schon selbst dazu beglückwünschen will, ein Weißer zu sein, getaufter Protestant und hartarbeitender, häuslicher, grundanständiger Bürger, was kann mir da gelegener sein als die marginale Gegenwart einer Klasse von schwarzen, schlecht getarnten Heiden, faulen, lüsternen und gewissenlosen Fellachen? Sollte die Beschreibung nicht ganz passen, muß sie passend gemacht werden. Sonst gibt's keine Glückwünsche. Lege ich unbedingt Wert darauf, als *rechter* Mensch zu gelten, muß ein anderer als schlechter Mensch dastehen, als *linker* Typ.

> *Aus einem Intelligenztest:* Setze in den folgenden Satz das passende Wort ein: „*Rechts* verhält sich zu *links* wie *weiß* zu ....''
> Meine Antwort lautet „weiß nicht''.

Leider wird die Dankesschuld selten oder überhaupt nicht anerkannt — es würde uns kaum in den Sinn kommen, der Dunkelheit für das Licht zu danken, Sündern für Heilige oder der Kälte draußen für die Wärme innerhalb der eigenen vier Wände. Wer drinnen oder „in'' ist, scheint näher an der Wirklichkeit und am Zentrum der Kraft zu sein als jener, der nicht „in'' ist und durch eigene Schuld zum Außenseiter wurde. Wenn jedoch der mit gleicher Kraft und Intelligenz begabte Außenseiter „in'' zu sein wünscht, wird er nicht nur ausgelassen, sondern mehr noch ausgestoßen. Die hierbei gezeigte Ablehnung geht viel tiefer als Rassenvorurteile.

Während du diese Zeilen liest, erscheint dir zweifellos das Schwarzgedruckte, an dem deine Augen hängenbleiben, als „Hauptsache'', als wichtiger und realer als das weiße Papier, und die gleiche Wirkung hätte Weißgedrucktes auf schwarzem Papier. Die Wahrnehmungstheorie der Gestaltpsychologie hat nachgewiesen, daß uns beim Betrachten eines Bildes, auf dem eine Figur oder ein Muster vor einem Hintergrund dargestellt ist, gleich die betreffende Figur ins Auge springt, sofern sie klein und eingeschlossen wirkt oder sich vor einer ruhigen Fläche bewegt. In diesem Fall ist die Figur für uns die „Hauptsache'', während wir den Hintergrund mehr oder weniger übersehen — obwohl die Figur ohne den Kontrast gar nicht sichtbar wäre. Aber was sieht man zuerst in der Abbildung des mexikanischen Stoffdrucks, haben wir hier ein schwarzes Muster auf weißem Grund oder ein weißes Muster auf Schwarz? Und was ist mit einem Zebra? Sieht es einem Schimmel mit schwarzen Streifen ähnlich oder einem Rappen mit weißen Streifen?

Richtige Lösung: Das Zebra ist ein unsichtbares Pferd, das nur schwarzweiß gestreift ist, damit man es kommen sieht.

Bei auf Papier gedruckten Worten ist es klar, daß die Worte und nicht die Papierseiten für uns von Bedeutung sind. Wenn jedoch zwei kontrastierende Farben genau gleich verteilt sind, haben wir anscheinend die Wahl. Aber wie steht's mit den Sternen im Raum? Heutzutage sagt uns unser gesunder Menschenverstand, daß die Sterne die ,,Hauptsache'' sind, der Raum hingegen lediglich ein träges Nichts; aber früher hat man den Himmel als Firmament angesehen, durch dessen zahllose Löchlein das Himmelslicht glitzerte. Und moderne Astrophysiker sind seit langem schon der Meinung, der Raum hätte solche ,,Eigenschaften'' wie Krümmung und Ausdehnung. Darüber hinaus hat die Kernforschung mittlerweile erkannt, daß sogar Felsgestein viel mehr Raum als ,,Masse'' enthält, während sich die ,,Masse'' mehr und mehr in Kraftfelder aufzulösen scheint. Man kann annehmen, daß der Raum in gleicher Beziehung zu festen Körpern steht wie die Membrane eines Lautsprechers zu den Klängen, die sie hervorbringt: Wir schenken nur dem Klang Beachtung, hören Stimmen, Musikinstrumente oder Schritte, ohne jemals an den Ursprung und Hintergrund dieser Geräusche zu denken — an das Vibrieren der Membrane, die in diesem Fall das aktive Prinzip ist und die elektrischen Impulse in Klang umsetzt.

Wie der Fisch nichts vom Wasser weiß, weiß der Mensch nichts vom Raum. Das Bewußtsein befaßt sich nur mit den wechselnden, sich ständig verändernden Details; es läßt Konstanten unbeachtet — insbesondere unverändert gleichbleibende Hintergründe. Darum haben nur außergewöhnliche Menschen den Blick für das, was allem zugrunde liegt.

Man muß sich vor leichtfertigen Analogieschlüssen in solchen Dingen hüten, aber meiner Überzeugung nach hat man eine gute heuristische Methode gefunden, wenn man seine Aufmerksamkeit immer wieder von der Figur auf den Hintergrund und zurück lenkt und beides im Wechsel als die ,,Hauptsache'' betrachtet. Dadurch wird das Verhältnis zwischen einem Ereignis und dem Kontext, in dem es steht, klar, und es gelingt einem, den Zusammenhang von Umweltprozessen und organischem Leben zu erkennen oder die Beziehungen zwischen Kraftfeldern und den in ihnen enthaltenen Mustern und Formen. L. von Bertalanffy hat in seiner General-Systems-Theorie der Biologie mit Nachdruck darauf hingewiesen, daß kein biologischer Vorgang durch die mikroskopische Analyse allein zu begreifen sei, sondern daß er darüber hinaus in seiner Beziehung zu der physikalischen Situation, in der er abläuft, gesehen werden müsse. Das sollte selbstverständlich sein, aber die wissenschaftliche Methodik tendiert überwiegend zu einem rein analytischen Naturverständnis.

Bei der Energie selbst ist die Wechselbeziehung von positiv und negativ, ,,weißem'' Ein und ,,schwarzem'' Aus noch offenkundiger, denn alle Kräfte sind Schwingungen, Impulse oder Wellen. Ohne das Wechselspiel von plus und minus, an und aus, gibt es einfach keine Energie. Das verführt leicht zu der Annahme, alle positiven Aspekte des Universums seien schon durch die negativen bedingt und umgekehrt, so daß die Vorstellung von absolutem Schwarz ebenso absurd wäre wie ihr Gegenteil. Aber solange weiß/positiv für die ,,wirkliche Hauptsache'' gehalten wird, bleibt auch die Furcht bestehen, daß Licht und Leben zuletzt von Dunkelheit und Tod bezwungen werden könnten. Ich kann mich eher mit der Vorstellung anfreunden, daß sich plus und minus in einem ewigen Rhythmus gegenseitig bedingen, als mit der, es habe einst aus dem schwarzen Nichts heraus eine plötzliche, geheimnisvolle Energieentladung gegeben.

> Die kostbare . . . Einmaligkeit, die das menschliche Individuum für sich beansprucht, kommt ihm zu, nicht weil es eine unsterbliche Seele, sondern weil es einen sterblichen Körper besitzt. Das Leben erhält also erst durch den Tod seine Individualität, und wenn der Mensch das Wesen ist, das den Tod verdrängt, dann ist er auch das Wesen, das seine eigene Individualität unterdrückt.
>
> — Norman O. Brown, *Life Against Death*

Was hat in der Darstellung Vorrang, der (weiße) Pokal oder die (schwarzen) einander zugewendeten Gesichtsprofile? Schließt ein Bildgegenstand jeweils den andern aus oder könnte man die beiden auch gleichzeitig erkennen: als „Pokal zweier Liebender"? —

Der Gedanke, daß der schwarze oder negative Aspekt der Welt ebenso teilhat am Leben wie der weiße oder positive, geht dem westlichen Menschen gegen den Strich. Er glaubt im allgemeinen, Leben hieße, unter Anspannung aller Geistes- und Körperkräfte gegen Verfall, Auflösung und Tod anzugehen. „Gib dein Bestes im gerechten Kampf." „Lerne positiv denken." Aus dieser Sicht steht das Leben auf einsamem Posten in der dunklen Leere des Raums — in einem Dunkel, das völlig vom Licht geschieden ist und in dem es für immer versinkt, wenn es nicht wachsam ist und sich zur Wehr setzt. Dies ist im gewissen Sinne eine nihilistische Weltanschauung, denn als einzige grundlegende und beständige Realität bleiben nur Dunkelheit und Nichtsein — denen gegenüber das Leben eine zwar großartige, letztlich aber hilflose Geste ist. Es sei denn, es gäbe irgendeinen Gott, der bedingungslos und deshalb *mühelos* für alle Ewigkeit existiert. Aber wenn dieser Gott mehr sein soll als die dunkle Leere, die allerdings vollkommen mühe- und absichtslos wäre, muß Er (oder Es) irgendwie die Licht/Dunkel-Polarität in sich schließen oder transzendieren. Dann wird es unmöglich, Gott zu stürzen oder zu vernichten, denn Er/Sie wäre dann das schwarz/weiße Ganze, zu dem es kein Gegenteil gibt.

Mein Gefühl sagt mir, daß das Universum eine Einrichtung von genau dieser Art und nicht etwa in Millionen von einzelnen Stückchen zerteilt ist, eine Einrichtung oder Anordnung, in der jeder sogenannte Teil eine Funktion des Ganzen ist. Deshalb ist die Einstellung der westlichen Welt, derzufolge man lebendig ist, weil man *gegen* Tod und Dunkelheit ankämpft, nicht nur naiv, sondern auch zerstörerisch und gewalttätig. Ihr entspringen vor allem die technischen Errungenschaften, mit denen der Erdball zerstört werden kann. Sie weiß nichts von Judo, dem sanften Weg, ans Ziel zu kommen, indem man sich der Natur anpaßt und die Schwerkraft etwa so nutzt wie der Seemann den Wind.

Jedes Ding in diesem Universum unterliegt der Schwerkraft und fällt, und es gibt keinen Zementboden darunter, auf den es aufprallen könnte. Wer Judo übt, erfährt das Gefühl, daß alles Tun ein ,,Fallen'' ist, und er gebraucht seine Muskeln, ohne sich anzustrengen. Steigt er bergan, hat er die Empfindung, als trage der Berg ihn empor, denn er setzt einen Fuß vor den andern und will den Berg nicht ,,bezwingen''. Er kennt weder Zerrung noch Verkrampfung, denn er hat keine Angst vor dem negativen Aspekt der Welt. Er weiß, daß dieser nichts gegen das Dasein ausrichten kann, denn die Kraft des Daseins ist Sein/Nichtsein, an/aus, hier sichtbar, dort unsichtbar. Und — da kein Teil der Welt wirklich für sich besteht — ist unser ,,Ich'' oder ,,Selbst'' in seinem Grund und Wesen das Ganze.

> Was seine physische, konkrete Realität angeht, vermag sich die Materie des Universums nicht selbst zu teilen, sondern sie bildet in ihrer Totalität eine Art gigantisches ,,Atom'' . . . das einzig wirkliche Unteilbare. Je weiter und tiefer wir durch immer machtvollere Methoden in die Materie eindringen, um so mehr verwirrt uns die wechselseitige Abhängigkeit ihrer Bestandteile . . . Es ist unmöglich, aus diesem Netz ein Stück herauszuschneiden, ohne daß es sich an allen Ecken und Enden aufribbelt und auflöst.
>
> Teilhard de Chardin, *Das Auftreten des Menschen*

Die Haltung des Durchschnittsweißen der schwarzen Welt gegenüber ist folglich nur Ausdruck eines Bewußtseinszustands, der uns daran hindert, das Universum als Ganzheit zu sehen, und uns das völlig einseitige Gefühl vermittelt, das Weiße sei die Figur, die ,,Hauptsache'', die Wirklichkeit, der schwarze Hintergrund hingegen das Böse, das Nichts, die Verneinung des Lebens. In gleicher Weise wird das Individuum als abgetrennt und isoliert von jenem lebenswichtigen Hintergrund empfunden,

den wir ,,das andere'' nennen, die Außenwelt. Sowenig die ,,Insider'' ihre Abhängigkeit von den Außenseitern erkennen, sowenig kann sich auch das Leben innerhalb der Haut mit dem Leben außerhalb der Haut identifizieren. Aber ich habe kein anderes Selbst als alles das, was geschieht, ein Selbst, das mich aus den Augen aller fühlenden Wesen ansieht.

> Wenn jeder Mensch die Schöne der Schönheit erkennt, wird auch die Häßlichkeit offenbar.
> Wenn jeder Mensch das Gute als gut erkennt, wird auch das Böse offenbar.
> So erzeugen sich Sein und Nichtsein im Wechsel.
> So ergänzen einander Schwierig und Leicht.
> So gestaltet der Gegensatz Kurz und Lang.
> So wird im Zusammenspiel Hoch und Niedrig.

Laotse

Wir müssen das Problem an der Wurzel packen, statt unsere Kraft damit zu vertun, an den Symptomen herumzudoktern. Wir werden niemals Weiße und Schwarze, Orientalen und Okzidentalen dadurch unter einen Hut bringen, daß wir versuchen, die verschiedenen Äste des Baumes der Menschheit zusammenzubinden. Wir sollten lieber unser Augenmerk auf Stamm und Wurzeln richten, dorthin, wo wir unter der Oberfläche eins sind. Damit kommen wir schneller zum Ziel.

September 1969

SEHET DIE LILIEN

Was ist bloß mit den Hippies los? In den späten sechziger Jahren hatte man den Eindruck, daß sich das graue Alltagsleben Amerikas zu neuer unbeschwerter und farbenfroher Pracht entfalten werde. Die Männer waren Manns genug, um ihr chauvinistisches Männlichkeitsgehabe samt angepaßter Kleidung abzulegen, ihr Haar lang wachsen zu lassen, zu singen, Schmuck zu tragen und sich mit Phantasie und Geschmack zu kleiden. Es hatte den Anschein, als würde sich ein positiver Lebensstil entfalten, eine weniger hektische und weniger kostspielige Alternative zur aufwendigen Hochglanzplastikkultur der satten Wohlstandsbürger. Die verschiedenen Formen der Rock-Musik waren Anzeichen dafür, daß die westliche Musiktradition sich durchaus weiterentwickeln konnte, nachdem sie durch John Cages Schweigestücke und das elektronische Geheul der konkreten Musik zum Stillstand gekommen war. Die westliche Kunst schien in der psychedelischen Malerei einen neuen glänzenden Ausdruck zu finden. Es gab sogar Ansätze, vom institutionalisierten christlich-jüdischen Gewissenskult mit seiner leidigen Armesündermiene zu einer wirklich lebendigen Religion mit Meditation, Gesang und fröhlichen Riten zurückzukehren.

Aber nach dem zu urteilen, was sich hier in Kalifornien tut, speziell in Sausalito, einem der Zentren der Bewegung, sind die Hippies und Blumenkinder mittlerweile fast noch schäbiger als Beatniks. Das lange Haar ist verfilzt und strähnig, und die Jeans sind geflickt und abgetragen. Der Schmuck ist längst ins Pfandhaus gewandert, und aus den Polstern quillt das Kapok heraus. Man ist in sich gekehrt, um nicht zu sagen lustlos, und die Musik hat lediglich an Lautstärke gewonnen. Kaum jemand tanzt noch im *Fillmore*; man sitzt nur herum. Die überschwengliche Begeisterung des *San Francisco Oracle* ist einer paranoiden, gewalttätigen, feigen Untergrundpresse gewichen. Statt vom „Lieben" spricht man von „Bumsen" . . . Aber wer verlangt überhaupt danach, wenn überall ausgeprägte Häßlichkeit zur Schau getragen wird und die Mädchen es schaffen, wie Bauernweiber aus dem hintersten Rußland auszusehen?

Daß vielen so sichtbar der Mut gesunken ist, mag einfach daran liegen, daß sich angesichts des nicht endenwollenden widerwärtigen Kriegs tiefe Niedergeschlagenkeit breitmacht, daß man zu der Einsicht gekommen ist, es könnte zu spät sein, die ökologische Katastrophe abzuwenden, und daß es überhaupt schwierig geworden ist, eine Anstellung zu finden, und sei es auch in der nervtötenden Arbeitsmühle von Behörden oder Großfirmen. Der Versuchung, ins Dope-Geschäft einzusteigen, ist kaum zu widerstehen, aber selbst Dope kann überhandnehmen — wie Alkohol oder Religion —, und das führt keineswegs zu tiefer mystischer Kontemplation, sondern zu ganz ordinärer Lethargie. (Ein Rat an die Regierung: Wenn das ,,Gras'' legalisiert wird, gibt es mehr Grünflächen; das macht die Leute friedlich und bringt Ruhe in die Straßen.)

Der sinnenfrohe ,,psychedelische'' Stil wurde kommerzialisiert und kam immer mehr beim Establishment in Mode, aber dieser Erfolg wurde eher als eine Art Schlappe angesehen. Man fragt sich zu Recht, ob nun die neue Bewegung, d.h. die Leute mit dem ,,dritten'' Bewußtsein, die Bürger für sich einzunehmen versuchen oder ob sie aus reiner Opposition deren getreues Gegenteil sein wollen. Ist denn immer noch nicht klar, daß eine anti-konventionelle Haltung kein Beweis von Originalität und ist?

Immerhin befaßt man sich mehr und mehr mit ökologischen Fragen, und es sind tatsächlich viele Hippies aus der Stadt aufs Land abgewandert, um ihre Liebe zu Mutter Erde zu bekunden und eigenhändig das Land zu bebauen. Aber ,,jeder ist sich selbst der nächste'', und die Liebe fängt an beim eigenen Körper und Geist (im Unterschied zum abstrakten Ego) und bei den Dingen des Alltags. Wenn die Erde als Teil des menschlichen Körpers verstanden wird, der die gleiche Liebe und Achtung verlangt wie der eigene Körper, dann ist von denen, die nicht selbst grünen und gedeihen, kaum ein Ergrünen Amerikas zu erwarten. Das Wort ,,ergrünen'' assoziiert man gleich mit den zarten Farben, dem ersten Blütenhauch und der Frische des Frühlings, vor allen Dingen aber mit allem Organischen und Gewachsenen im Gegensatz zum Mechanischen und Metallischen. Wie die Dinge zur Zeit liegen, besteht durchaus die Möglichkeit, daß die Intelligenz auf diesem Planeten nur überlebt in Form von sich selbst steuernden und selbst-reproduzierenden, störungssicheren elektronischen Systemen, die in ihrer schonungslosen Effizienz weder Luft noch Liebe brauchen. Dergestalt könnten abstraktes Denken, Logik, Mathematik und Physik weiter auf dem Planeten blühen, und manch einer würde hierin den Triumph des Geistes über die Fesseln des Fleisches sehen. Das Ganze wäre ein konsequenter Fortgang der Evolution für eine Spezies, die eine mit linearen Wortfolgen und Zahlensymbolen gegebene Beschreibung der Welt mit der Welt selbst verwechselt — für Menschen, die das Symbolische mehr schätzen als das Wirkliche (d.h. Geld mehr als wahren Reichtum und den Staat mehr als die Menschen) und die mit Gewalt darauf hinauswollen, die gewundenen und geschwungenen Formen der Natur zu glätten, zu begradigen und zu bereinigen.

Ich könnte den überzeugenden und ziemlich schlüssigen Beweis dafür antreten, daß Pflanzen intelligenter sind als Menschen — schöner, friedfertiger, ideenreicher in der Art ihrer Fortpflanzung, daß sie sich in ihrer Umgebung wohler fühlen und sogar feinfühliger sind. Verwenden wir nicht Blumenformen als Symbole des Göttlichen, wenn uns ein Gott mit menschlichem Antlitz zu sehr an uns selbst erinnert — das hinduistisch-buddhistische Mandala, der goldenen Lotus und die mystische Rose in Dantes Vision vom Paradies? Nichts sonst erinnert so sehr an Sterne mit lebendigen Herzen.

Dann wünsche ich mir nur, daß die Hippies einmal wieder die Lilien ansehen — gerade weil sie so leicht und unbeschwert sind, so zart und verspielt, weil sie genau die Eigenschaften der weisen Pflanzenwelt verkörpern, die von allen jenen verachtet werden, die sich ihres eisernen Willens und ihrer Nerven von Stahl rühmen, sich im ,,gerechten Kampf" schlagen und bis zuletzt ,,im Rennen" bleiben. Laotse hat das vor zweitausend Jahren in folgende Worte gefaßt:

> Der Mensch, wenn er geboren wird, ist weich und schwach;
> Im Tode ist er hart und steif.
> Junge Pflanzen sind saftvoll und zart;
> Doch Alter macht sie trocken und starr.
> Darum sind Weichheit und Zartheit Zeichen des Lebens;
> Aber Steifheit und Härte bezeichnen den Tod.

Sicher wären wir besser dran mit dieser wackeligen Welt, wenn wir in ihr ein lebendiges Gebilde aus Wurzeln und Ästen, Zweigen und Trieben, Blattwerk und Fasern sehen würden, statt sterile, kantige Metalle und

Quarze, in denen der Genius des Lebens noch nicht erwacht ist und die noch nicht fühlen gelernt haben, wenn auch in ihrem Innern Energie summt und rattert.

Laßt mir wenigstens die Hoffnung, liebe Kinder, daß ihr Samenkörnchen unter euren dreckigen Fingernägeln habt und daß ihr daraus dereinst einmal wieder Blüten treibt.

Mai 1971

WAS MACHEN WIR EIGENTLICH HIER?

„Mit beiden Füßen auf der Erde stehen" heißt im landläufigen Sinne, wirklichkeitsbezogen zu sein, den Tatsachen ins Auge zu sehen und praktisch zu denken. Wer dagegen „mit dem Kopf über den Wolken schwebt", wird als Träumer und Phantast hingestellt. Seltsamerweise wird ausgerechnet die höchste Wirklichkeit, der Sitz Gottes, nach traditioneller christlicher Anschauung als Himmel symbolisiert, als Gefilde, in dem jeder engelgleich herumschwebt. Ich erinnere mich daran, wie ich als Kind ein Kirchenlied gesungen habe, das so lautete:

> Pflichtentreue sei mein Teil,
> Gott zu Preis und Ehre.
> Seele, gehe ein zum Heil,
> Himmelwärts dich kehre!

Kaum jemand scheint sich darüber klar zu sein, daß die Erde immer im Himmel ist und der Raum so wirklich wie das Feste. Dichte und Ausdehnung sind zwei Pole des gleichen Spektrums, wie Rot und Violett.

Unter allen westlichen Ländern ist Amerika seit langem ebenso berühmt wie berüchtigt für seinen Materialismus. Wir Amerikaner bezeichnen uns allerdings lieber als praktisch. Sieht man einmal näher hin, was wirklich unter unseren besagten Füßen ist, findet man etwas scheinbar sehr praktisches, nämlich einen mit Geld gepflasterten Weg, und doch ist nichts so abstrakt, so ungreifbar und unwirklich wie die als Geld bezeichnete Ausgeburt des Bank- und Buchhaltungswesens. Gold und Silber, Dollarnoten und Kreditkarten sind in der Wildnis völlig nutzlos — hier zählt, ob man mit Pfeil und Bogen umgehen, Feuer anzünden und kochen kann, ob man sich auf den Anbau von Gemüse und Kräutern versteht und ob man fischen und segeln gelernt hat. Sollte Con Edison nebst ein paar anderen Versorgungsunternehmen Bankrott machen und Standard Oil explodieren oder sich selbst vergasen — und das kann ziemlich leicht passieren —, wären die meisten von uns aufgeschmissen. Wer in der harten Wirklichkeit von Raum und Zeit leben will, braucht vor allem Muskeln und Nerven. Aber wir kühnen und kernigen, realistischen und praktischen Typen, die wir mit beiden Füßen auf der Erde stehen, haben gerade Milliarden von Dollars und unvorstellbare Mengen Energie, Nerven und Materialien daran verschwendet, zum Mond zu sausen, nur um zu entdecken, was Astronomen schon längst bekannt war: einen trostlosen Schlackehaufen. Wir sind im wahrsten Sinne des Wortes mondsüchtig und greifen nach den Sternen.

Ich habe mir eine Rede ausgedacht, die der Präsident der Vereinigten Staaten, vielleicht Richard Nixon, halten könnte. Darin erklärt er, daß er es als seine Pflicht angesehen habe, eine Untersuchung der Wünsche und Ziele der ,,schweigenden Mehrheit'' zu veranlassen. Es stellt sich heraus, daß sie die Schwarzen gern wieder zu Sklaven machen würde, die *Bill of Rights* außer Kraft setzen möchte, alle langhaarigen Jugendlichen und demonstrierenden Studenten in Konzentrationslager sperren, die Steuern senken, die Rechte der Bundesstaaten vergrößern und die Autorität der zentralen Regierung verringern will. Sie würde am liebsten die gelbe Brut in Südostasien mit Stumpf und Stiel ausrotten und die ganze Bevölkerung von China und Rußland auf einen Streich beseitigen. Natürlich mußte ich, fährt der Präsident fort, als guter Geschäftsmann und treuer Diener des Staates dafür einen Kostenvoranschlag machen, nicht nur bezüglich der finanziellen Belastung, sondern auch im Hinblick auf Zeit, Mühe, Energie und nukleare Niederschläge. Es tut mir leid, sagt er, aber wenn Sie von Ihrer Regierung die Unterwerfung Chinas verlangen, muß ich *Sie* mit diesem Auftrag dorthin schicken, und Sie müssen dann mit *Chop Suey* anstelle von Steaks und *Apple Pie* vorliebnehmen. Man wird auch Vorkehrungen treffen müssen, um die stattlichen Berge von verwesenden, stinkenden Kadavern zu beseitigen, damit sich keine Seuchen über die Erde verbreiten. Laut Statistik, so führt er weiter aus, sind 75 Prozent unserer Jungs in Vietnam drogensüchtig und haben sich einen Tripper gefangen, mit dem unsere Antibiotika nicht fertig werden. Außerdem bewegen sich die Luftströme in der oberen Atmosphäre vorwiegend ostwärts, so daß der nukleare Niederschlag der Bomben, die wir auf China werfen, am Ende zu uns herübertreibt und die schon mit DDT vergiftete Milch unserer amerikanischen Mütter auch noch mit Strontium-90 verseucht. Ich habe zudem meinen Rechnungshof eine Aufstellung machen lassen, was es kosten würde, die Nigger in Gaskammern zu stecken oder hinter Gitter zu bringen, und ich komme nicht umhin, Ihnen, verehrte Mitbürger, zu sagen, daß Sie tief in die Tasche greifen müssen . . .

Was ist eigentlich mit uns los? Das Grundproblem der zivilisierten Menschheit, sei es nun in Amerika, Deutschland, England, China oder Japan, ist und bleibt, daß wir unser Symbol- und Beschreibungssystem mit der wirklichen, der natürlichen Welt verwechseln, unsere Vorstellung vom Universum mit dem bestehenden Universum, Geld mit Reichtum, Zahlen mit Fakten, Gedanken mit Dingen, Ideen mit Ereignissen, das Ich mit dem lebendigen Körper und die Landkarte mit dem Land. Man kann es überhaupt nicht mit Worten erklären, denn Schrift oder Sprache bleiben selbst im Bereich der Symbole, auch wenn sie mit Geräuschen oder Zeichen auf Papier verbunden sind — und indem man diese Ausdrucksformen als physisch, stofflich und real bezeichnet, benutzt man wiederum nur philosophische Begriffe, das heißt Symbole. Das Wort „Wasser" kann man nicht trinken, und die Formel H_2O trägt kein Schiff.

Man beachte den Unterschied zwischen der physischen und der politischen Weltkarte. Die physische Karte ist eine Ansammlung von wunderbar krummen Linien und Gebilden in Blau, Grün, Braun, Gelb und gelegentlich Weiß. Die politische hingegen, besonders der nordamerikanische Kontinent, ist böse zugerichtet: Schnurgerade Linien schneiden hindurch, und die ganze Erde (einschließlich des Luftraums) ist mit bunten Feldern in kontrastierenden Farben übersät, damit die Herrschaftsbereiche der verschiedenen Gangsterbanden zu erkennen sind. Welche der beiden Karten gleicht nun eher der Erde, wie sie vom Weltraum her aussieht?

Zivilisierte Menschen, vor allem solche aus der westlichen Hemisphäre, wollen immer alles begradigen und in Normen pressen. Schuld daran sind der griechische Aberglaube vom dreidimensionalen Raum und Euklids Phantastereien, denen zufolge die Welt grob zu Punkten, Linien, Flächen, Kreisen und Würfeln vereinfacht wird. Es ist ganz schön schwierig, einen gebildeten Menschen der westlichen Welt davon zu überzeugen, daß Euklid ein Spinner war und seine sogenannte Geometrie nichts mit den Maßen der Welt zu tun hat, sondern lediglich über sein eigenes, relativ enges und starres Denkschema Aufschluß gibt. Erde gibt nach, Wasser fließt in Wellen, und die gesamte Natur ist ein Tanzen und Frohlocken; aber Euklid ist nie bis zur Biologie vorgedrungen, sein Denken ist auf der primitiven kristallinen Stufe der Evolution stehengeblieben. So ist Generationen von Schulkindern weisgemacht worden, eine gerade Linie sei einfacher und folglich begreiflicher als eine gekrümmte. Seit Euklid leben wir ständig in dem Bemühen, Erfahrung, Wissen und Handeln der angeblichen Klarheit und Deutlichkeit gerader Linien anzupassen.

Wasser, Licht, überhaupt alle Energieformen unterliegen der Schwerkraft, folgen dem Weg des geringsten Widerstandes, und selbst der Raum ist gekrümmt, wie es heißt. $E = mc^2$ bedeutet in Wirklichkeit, daß Energie Schwerkraft ist. Newton, Einstein und sogar viele Physiker der heutigen Zeit können das nicht begreifen, weil sie die Energie als Kraft verstehen, die bei dem Versuch, geradlinig zu wirken, Hindernisse durchbricht. Unter bestimmten Umständen ist eine Gerade möglicherweise tatsächlich die kürzeste und bequemste Verbindung zwischen zwei Punkten. Aber es macht nicht immer Spaß, dem geraden, kurzen Weg zu folgen. Ist der Lebensstrom nicht *mehr* als ein Kanal? In San Francisco haben wir zwar Straßen, die schnurgerade bergauf führen, aber kein erfahrener Bergsteiger würde je im Traum daran denken, den Gipfel des Mount Everest auf geradem Wege zu erklimmen.

Im Verein mit dem Römischen Recht und der protestantischen Ethik hat uns die Euklidische Geometrie dazu gebracht, den Weg des geringsten Widerstandes verwerflich zu finden. Sei ein Mann. Immer aufrecht. Aber kannst du *willentlich* eine Erektion herbeiführen? Ich persönlich krieche auf allen Vieren, wenn ich in schwindelnder Höhe auf einem gestürzten Baumstamm eine Klamm überquere — es macht mir nichts aus, mir die Hände mit Lehm zu beschmutzen oder der Erde gegenüber eine demütige Haltung einzunehmen. Ich habe nichts für ständige Gradheit, die erzwungene aufrechte Haltung, übrig, die auf dem euklidischen Denkfehler beruht, der Himmel sei oben, die Hölle unten und alles Böse sei auf den Sünden*fall* zurückzuführen. Letztlich ver*fällt* man der Liebe (und liebt sich im *Liegen*) — und der Lebensstrom fließt dadurch weiter. Große Geister gelten nicht zuletzt deshalb als „tiefgründig", weil sie den Dingen auf den *Grund* gehen.

Wir benutzen Worte dazu, insbesondere in Philosophie und Wissenschaft, um alles und jedes zu normieren und zu klassifizieren. Bist du ein persönliches Fürwort oder ein Satzgegenstand? Tier, Pflanze oder Mineral? Richtig oder falsch? Wie praktisch, daß die Antworten schon mit

Kästchen zum Ankreuzen auf den Fragebogen vorgedruckt sind. Der ganze Ordnungssinn ist nur darauf gerichtet, alles in bestimmte Schubfächer zu sortieren und so mit den Euklidischen Prinzipien in Einklang zu bringen. Das ist auch einer der Gründe für die ewigen Streitigkeiten zwischen Eltern und Kindern. Meine Frau und ich haben einen hochintelligenten Kater namens Solstice, mit dem ich mich in erfundenem, gestelztem Japanisch unterhalte. Seine Intelligenz arbeitet völlig unabhängig von Euklid. Wir haben ihm nie etwas beigebracht, außer seine Sandkiste zu benutzen und nicht auf den Tisch zu klettern, aber er begleitet uns auf Bergwanderungen, schnellt hierhin und springt dahin und kehrt folgsam wie ein Hund zu uns zurück, wenn er gerufen wird. Es ist einfach so, daß der Organismus, die Gesamtstruktur von Nerven und Muskeln, viel komplexer und intelligenter ist als logische Systeme der Mathematik, Geometrie und Grammatik — die im Grunde nichts anderes sind als niedere Stufen der Konvention.

Das Leben ist ein Tanz. Sind nicht Bäume, Farne, Schmetterlinge und Schlangen vollendete Formen des Tanzes? Selbst Holz und Knochen weisen in ihrer Struktur die charakteristischen Muster fließenden Wassers auf. Laotse stellte 400 vor Christus fest, daß die unglaubliche Kraft des Wassers in seiner Nachgiebigkeit gegenüber der Schwerkraft liegt und darin, daß es jene „tiefste Ebene, die alle Menschen verabscheuen", sucht. Wenn ich tanze, achte ich nicht auf meine Schritte und zähle sie auch nicht, und einige Frauen meinen, ich hätte kein Gefühl für Rhythmus. Aber meine Tochter (die niemals Tanzstunden gehabt hat), kann mir folgen, als sei sie mein Schatten oder ich der ihre. Das ganze Geheimnis des Lebens und der schöpferischen Energie besteht darin, im Einklang mit der Schwerkraft zu sein. Unser Kater gibt ihr beständig nach, ob er in langen Sätzen dahinschnellt, springt oder fällt. Die Erde und die ganze natürliche Welt sind erfüllt von einem summenden, brummenden Auf und Ab wie ein Bienenstock.

Dieser Vergleich scheint weit hergeholt zu sein, aber er macht auch etwas deutlich: Bienen leben nicht in viereckigen, sondern in sechseckigen Strukturen, und in genau dieser Art fügen sich alle Stoffe, Gasblasen wie Kristalle, unter dem Druck der Schwerkraft naturgemäß zusammen. Sie folgen dabei dem Sechser- oder Zwölfersystem, und ein Zahlensystem auf dieser Grundlage ist — wie Buckminster Fuller gezeigt hat — der Natur viel näher als das Zehner- oder Dezimalsystem. Denn 12 kann nicht nur durch 2, sondern auch durch 3 geteilt werden, 10 hingegen nicht. Immerhin nehmen wir die 12 als Berechnungsgrundlage für Kreise, Kugeln und Zeiträume, und es ist allemal besser, die Welt zu duodezimalisieren, als sie zu dezimieren.

Aber der Mensch macht aus der Erde einen Schandfleck, weil er seinen euklidischen Intellekt gebraucht und nicht seinen organischen Kopf. Er symbolisiert und beschreibt die Natur anhand der Geraden oder der Krümmung des vereinfachten Kreises. Zwar sind einige hochspezialisierte Mathematiker, wie Topologen und Matrizentheoretiker, zu viel komplizierteren Gedankengängen fähig, aber der durchschnittlich gebildete Abendländer berechnet die Welt noch immer nach Euklid und der dezimierenden Arithmetik. Kein Wunder, daß sich in dieser Zeit der Ökologiekrise die Gemüter scheiden. Auf der einen Seite stehen die aufrechten, ordentlichen, engstirnigen Bürger (die Quadrat- und Kubikschädel) mit ihrem Geld, ihren Diplomen, Titeln und Gehaltsklassen, sie wohnen in kleinen Schachteln — „little boxes made of ticky-tacky" —, pflegen ihren Rasen und wollen am liebsten alles einebnen lassen. Auf der anderen Seite stehen die Bohemiens, die Gammler und Freaks, Exzentriker, Verklärte, Narren und Heilige, Kurtisanen, Vagabunden und Hippies (ein Name, der etwas mit *hip*, der gefährlichen Hüftkurve von Frauen zu tun haben soll), die das Universum auf ihre eigene irre, abgefahrene, ekstatische, synkopische, rock-n'-rollende, ausgeflippte, angetörnte Art erleben wollen.

Die erstgenannten sind Nachahmer und Bewunderer von maschinellen Abläufen, denken wie Maschinen und haben die Maschinen sich selbst zum Bilde gemacht. Die Maschinen haben die Oberhand gewonnen und geben den Ton an. Die anderen haben mehr Sinn für die gewachsenen, weichen Strukturen der Tier- und Pflanzenwelt, sie erscheinen auf den ersten Blick eher ungewaschen, faul, nichtsnutzig und träge — ihr Lebensstil ist weniger mechanisch als biologisch. Deshalb weigern sie sich mit aller Macht, sich gängeln zu lassen. In diesem Zusammenhang sollte man denen von der anderen Seite einmal sagen, daß sie mit ihren militärischen Gängeltaktiken auch gegen die verdammten nordvietnamesischen „Guerillaschweine" nichts ausgerichtet haben. Die einzige Möglichkeit, einen militärischen Sieg über Vietnam davonzutragen, bestünde darin, Herrn

Saubermann mit Kernwaffen und Bulldozern dorthin zu schicken und das Land bis auf den blanken Fels sauberzuschrubben. Das wäre natürlich nach dem alten Ehrenkodex der Ritter kaum noch ein fairer Kampf zu nennen. (Haben wir eigentlich vergessen, mit welcher Taktik die amerikanischen Freiheitskrieger gegen die britischen Rotröcke kämpften?)

Jetzt wollen wir einmal sehen, was das euklidische Denken alles in unserem Alltagsleben angestellt hat. Es wird immer schwieriger, richtige Lebensmittel zu kaufen. Wir ernähren uns bald nur noch von Kunststoffen. Das Brot ist wie Schaumgummi. Hühner schmecken nach Pappmaché, weil sie mit Chemikalien gefüttert und in riesigen KZ's gehalten werden. Die Milch ist homogenisiert, echter Rahm ist kaum irgendwo aufzutreiben, und Käse wird mehr und mehr zu einer industriell verarbeiteten, kautschukartigen Masse. Es bestehen Pläne, würfelförmige Tomaten zu züchten, die besser in würfelförmige Kisten verpackt und in würfelförmigen Kühlhäusern gelagert werden können; man will federlose Hühner züchten, um endlich mit dem lästigen Rupfen Schluß zu machen, schalenlose Eier, die in handlichen Plastiktüten zum Verkauf ausliegen, und astlose Bäume, die von klein auf chemisch gebeizt werden und glattes Nutzholz ohne Astlöcher und Knoten liefern.

Jedem von uns ist klar, daß Eintönigkeit Langeweile heraufbeschwört, und doch sind fast alle technisierten Arbeiten — in Bankwesen, Buchhaltung und industrieller Serienfertigung — äußerst monoton; die meisten Leute werden nur dafür bezahlt, sich die Monotonie gefallen zu lassen, Sachen in Kästen einzupacken und diesen Vorgang auf Formblättern mit Kästchen und Spalten zu vermerken oder unzählige T-Träger zu verschweißen und zu verschrauben, die das Gerüst für riesige Beton- oder Glaskästen abgeben, in denen Myriaden anderer Menschen der gleichen trostlosen Routine nachgehen. Und wofür? Für absolut notwendiges, aber abstraktes, ungenießbares Geld, mit dem ein Kasten gekauft wird, in dem man zu wohnen gedenkt, des weiteren eine Kiste, mit der man sich fortbewegt (sieh dir mal Autos aller Fabrikate von oben an), und schließlich Schachteln voller Nahrungsmitteln, die immer mehr danach schmecken, als bestünden sie aus Verpackungsmaterial statt aus natürlichen Zellen.

Natürlich sind die Wirtschaftsbosse, Politiker und Gangster, die das alles organisieren, nicht glücklich, sei es in Rußland, China, Westdeutschland oder den Vereinigten Staaten. Im großen und ganzen sind sie gewöhnliche Sterbliche, die keine Ahnung haben, worauf es ankommt, die nur genau wissen, was sie hassen und fürchten, aber keinen blassen Schimmer davon haben, was sie lieben — außer Bilanzen und Scheine. Einige von ihnen sind berühmt für ihre Porno-Bibliotheken. Andere haben Luxusharems voller frigider Mädchen. Wieder andere besitzen Jachten und Jets, um damit zum einfachen Leben zurückkehren zu können. Noch andere sind Eigentümer großer Gestüte, lediglich, damit sie die Rennwetten besser berechnen können. Sie alle leben in ständiger Angst vor Diebstahl, Revolution, Konkurrenz, Impotenz, Krebs und Steuererhöhungen.

Ehe ich als Prediger oder biblischer Prophet dastehe, wollen wir lieber einen Blick auf die Standardreligionen werfen, deren Geistliche wenigstens ab und zu rituelles Gemurmel gegen die Reichen und Mächtigen loslassen, wenn auch aus falschen Gründen. Denn das Elend mit unseren Reichen und Mächtigen ist nicht so sehr, daß sie böse oder bösartig sind, sondern daß sie sich nicht ihres Lebens freuen können. Ein Spießer bleibt eckig, bei ihm geht's nicht rund, und das große Problem der Philosophie ist weniger die Quadratur des Kreises als vielmehr die Zirkulatur des Quadrats. Auch unsere Religionen sind verklemmt und analfixiert, und Freud unterschied säuberlich das Lust- und Realitätsprinzip, in dem er eine Form euklidischer Ordnung sah.

Unser religiöses Leben besteht in der Hauptsache aus Reden — über Gott und die Welt und das Einhalten der Zehn Gebote, aus Lippenbekenntnissen und Dogmen, die angeblich das Unerklärliche erklären. So gut wie nichts wird getan, um Formen einer stillen, wortlosen Meditation oder des Yoga zu fördern, die das Ewige zur Erfahrung werden lassen, statt es zu zerreden. Viele Christen behaupten sogar, daß es unmöglich ist, zu Lebzeiten ein Gotteserlebnis zu haben, es sei denn, unter ganz außergewöhnlichen Umständen. Der Gedanke des „kosmischen Bewußtseins" oder der mystischen Erfahrung entsetzt sie in gleicher Weise wie die Vorstellung, verrückt zu werden. Aber wenn die Religion nur aus Worten besteht, bleiben auch ihre Gegner auf der verbalen Ebene, und folglich sind unsere Atheisten ebensolche Schwindler wie unsere Gläubigen. Es ist traurig, aber wahr, daß im Laufe der Geschichte niemand je durch eine Predigt lieben gelernt hat, denn alle gepredigte Liebe entspringt verkappten Schuldgefühlen und stößt auf Ablehnung. Wenn Liebe überhaupt durch Symbole zum Ausdruck gebracht werden kann, dann nur in poetischer Form, durch eine Wortmelodie oder Musik.

Wahre Religiosität hat nichts mit Worten zu tun. Sie äußert sich in stiller, ungezwungener, intensiver Konzentration auf die Grundenergie, die melodische Urschwingung der Welt, die Thomas von Aquin vielleicht umschreiben würde als „das, was die Menschheit Gott nennt". Deine Religiosität strömt dir zu wie dein Atem, leicht, langsam und erquickend, oder wie Vogelgesang in der Frühe oder wie das beglückende Gefühl, mit dem Surfboard genau auf dem Kamm einer riesigen Welle zu reiten. Ali Akbar Khan, anerkannter Meister der indischen Musik und ein wunderbarer, fröhlicher Mensch — wie auch der ihm ebenbürtige, noch liebenswürdigere Ravi Shankar —, hat einmal gesagt, die ganze Kunst bei der Musik bestehe darin, einen einzigen Ton richtig zu verstehen. Das ist Religion in höchster Form, und das ist auch der Grund dafür, warum Yogis die Silbe OM oder AUM (oder Zen-Buddhisten die Silbe MU) singen oder summen, die den gesamten Spielraum der Stimme von der Kehle bis zu den Lippen umfaßt. Es geht übrigens genausogut mit AMEN (d.h. „so sei es"), wenn du dich unbedingt als Christ oder Jude tarnen willst, oder auch mit ALLAH, wenn du Moslem bist. In diesen Lauten erfahren wir das Leben, wie es wirklich ist, und diese Erfahrung geht weit über alles hinaus, was unsere verschiedenen Symbolsysteme aus ihm machen, wenn sie es messen, beschreiben und kalkulieren (d.h. „Steinchen anhäufen"). Am Ende merkst du, daß du selbst nichts anderes bist als diese zeitlose Grundenergie. Übrigens hatte Thomas von Aquin im Alter ein solches Erlebnis, mitten im Meßgottesdienst, und danach sagte er, all seine theologischen Schriften seien nichts als leeres Stroh.

Wer zu dieser Einsicht kommt, pfeift auf Statussymbole, Luxusgüter und Berge von Geld; er legt keinen Wert darauf, ein sauber abgezirkeltes Leben zu führen und einbalsamiert in einem Bronzesarg beerdigt zu werden. Allzuviel ist ungesund. Er zittert noch nicht einmal vor Angst ums Überleben. Mit Konfuzius' Worten: „Wer morgens das Tao (den Lauf der Natur) verstanden hat, kann abends ohne Reue sterben." Wenn ich das Amerikanern erkläre, kommt unvermeidlich die Frage: „Aber steht man dann nicht völlig passiv dem Leben gegenüber?" Das kommt davon, wenn man mit solchen Liedern aufwächst:

Auf, meine Seele, sei bereit
Und richte all dein Sinnen,
Die Krone der Unsterblichkeit
Im Glauben zu gewinnen.

Oder auch: „Onward Christian soldiers, marching as to war" („Vorwärts, Christi Streiter, auf zum heil'gen Krieg!"). Aber wer will eigentlich eine Krone der Unsterblichkeit? Ich kann mir nichts Schrecklicheres vorstellen als eine goldene Zackenkrone zu tragen und für alle Ewigkeit von Engeln umschmeichelt zu werden!

Mir sind die Annehmlichkeiten und Ziele westlicher Lebensart einfach unverständlich, einmal abgesehen von solchen Nebenprodukten wie einer Betäubungsspritze beim Zahnarzt (und selbst diese könnte noch durch Hypnose ersetzt werden). Was hat man vom Fortschritt, wenn das Essen geschmacklos ist, der Wohnkomfort absurd, die Kleidung unbequem, die Religion nur Gerede, die Luft durch Cadillacs verpestet, die Arbeit tottlangweilig, der Sex gefühllos und verklemmt, wenn die Erde mit Beton zugepflastert und das Wasser so mit Chemikalien verseucht ist, daß selbst die Fische krepieren? In diesem Zusammenhang könnte man sich weiter fragen: Wer will noch Polizist werden und stundenlang in Herrentoiletten herumschnüffeln, um Homosexuelle in flagranti zu erwischen? Wer mag denn Gerichtsvollzieher sein und den ganzen Tag Leuten auf die Nerven fallen? Was sind das für Menschen, die freiwillig Gefängniswärter oder Henker werden? Und mehr noch fragt man sich, was das für Leute sind, die Millionen von Dollars dafür ausgeben, Präsident der Vereinigten Staaten zu werden, nur um ans Telefon gekettet zu sein, rund um die Uhr von Geheimdienstagenten bewacht zu werden, die dicksten Wälzer voller unglaublich uninteressanter Schriftstücke durchlesen zu müssen und sich Tag und Nacht von einem Sicherheitsbeamten begleiten zu lassen, der in einem kleinen schwarzen Köfferchen den Code hinter einem herträgt, mit dem die Atombombe gezündet werden kann?

All diese Berufe und Beschäftigungen, wie trostlos oder gefährlich sie auch sein mögen, halten wir für höchst verantwortungsvolle und ruhmreiche Tätigkeiten und vergessen dabei, daß man seinen Ruhm nicht mit ins Grab nehmen kann. Worin liegt denn ihr Sinn und Zweck? Wohin führt der Fortschritt? Was machen wir eigentlich hier? Niemand hat auch nur einen blassen Schimmer, außer vielleicht ein paar einfältige Leute, die gerne Blumen riechen, dem Rauschen des Meeres zuhören, dem Wind in den Bäumen zuschauen, auf Berge klettern, *pâté de veau en croûte* speisen, Malvasierwein vom Ruby Hill trinken und sich mit einer hübschen Frau zusammenkuscheln — und solche Freuden sind nicht einmal teuer, verglichen mit den Billionen, die für das Reich, die Kraft und die Herrlichkeit ausgegeben werden.

Kriege zehren heute wie schon seit Jahrhunderten am stärksten an den Rohstoffquellen der Erde, nur mit der Zeit bekämpfen die Menschen einander aus immer sinnloseren Gründen. Ich habe zwar den leisen Verdacht, daß wir in Vietnam darum kämpfen, die besten Opiumquellen der Welt unter unsere Kontrolle zu bringen, aber welcher kompetente Stratege vernichtet die gesamte Fauna und Flora und das Leben der Frauen des Landes — schlimm wird es, wenn auch noch Dummheit dazukommt. Mit den Energien und Materialien, die wir seit 1914 in diversen Kriegen vergeudet haben, hätten wir jeden Menschen auf Erden wärmen, ernähren und kleiden können. Aber wir verschwenden lustig weiter im Namen solcher ungreifbaren, fadenscheinigen Hirngespinste wie Religion, Ehre, Ideologie, Fortschritt, Rassenreinheit und Patriotismus — letzteres ist nicht etwa Vaterlandsliebe, sondern das Festhalten an einer Idealvorstellung vom eigenen Land, an bloßen Symbolen wie Fahne, Krone, Leninbild, Maobibel, Kreuz, Halbmond, Hakenkreuz und ähnlichem lächerlichem Zeug.

Das Dumme ist, daß wir in der lebendigen Vielfalt der Völker nur ihre unterschiedlichen Arten zu reden und zu gestikulieren sehen — dabei wäre die Erde äußerst langweilig, wenn wir uns alle gleich gebärden würden. Wir glauben tatsächlich, daß es Amerikaner und Russen, Griechen und Römer, Inder und Chinesen, Orientalen und Okzidentalen, Juden und Araber, Christen und Heiden gibt. Es gibt sie NICHT. All das ist reines Geplapper, das allerdings sehr vergnüglich sein kann, solange es nicht für etwas Ernstes und Hohes, Erhabenes und Wichtiges gehalten wird. Es hat sich noch nicht herumgesprochen, daß die besten unter den Engeln ihren Heiligenschein recht flott übers Ohr gezogen tragen. Selbst die interessantesten wissenschaftlichen Forschungen sind ein Greuel geworden, seit sich die Akademiker und Wissenschaftler so ernst nehmen wie die Theologen und mit Hü und Hott, Summs und Gebrumms darüber räsonnieren, ob die Hypothesen von dem und dem auch wirklich absolut gesichert und *stimmig* sind.

Das ist oft genug alles, was sie sind. *Vox, et praeterea nihil.*

Von altersher geht die Rede, Reisen erweitere den Horizont. Das war auch einmal zutreffend, denn beim Reisen erschlossen sich einem die weiten Länder und Gewässer der Erde, die Vielfalt ihrer Kulturen, Sprachen, Tiere und Pflanzen. Aber heute wird die Welt durchs Reisen enger: Wir flitzen in dicht verschlossenen Gehäusen von einem Ort zum andern — mit dem Erfolg, daß alle diese Orte schnell einander gleich werden — New York, Los Angeles, Tokyo, New Delhi, Tel Aviv, Paris, London, alle versehen mit den gleichen Kästen vom Typ Hilton. Überall verpesten die Eingeborenen ihre Luft mit Bezingestank und zwängen sich in unbequeme Geschäftskleidung, wahrscheinlich, um die Erfolgs- und Statussymbole unseres Lebensstandards zu imitieren. Wenn wir erst einmal Verkehrsflugzeuge mit Überschallgeschwindigkeit haben, geht es Knall auf Fall von einem euklidischen Punkt zum andern, und wir finden uns an Orten wieder, für die uns jeder Maßstab fehlt. Als ich das letzte Mal in Kyoto war, liefen mir ein paar langbeinige, aufgetakelte Blondinen aus Texas über den Weg, die in Osaka gelandet waren, ganze vier Stunden Zeit für Kyoto hatten und wissen wollten, ,,was es zu sehen gäbe'' — dabei hielt sie ihre geistige Verfassung davon ab, überhaupt irgend etwas zu sehen außer der amerikanischen Bar vom International Hotel, in der sie sich niederließen und sich im breiten Slang ihrer Heimat damit brüsteten, ,,Old Texas'' käme gut ohne die Vereinigten Staaten aus. (In jenem Bundesstaat gibt es Leute, die so leidenschaftlich für Recht und Ordnung eintreten, daß sie ihren vertrockneten Rasen mit grüner Farbe einsprühen.)

Am deutlichsten tritt die Verwechslung von Symbol und Wirklichkeit in dem Bereich der zwischenmenschlichen Beziehungen zutage, der ,,Sex'' genannt wird. Marshall McLuhan hat schon vor langer Zeit in seinem Buch *The Mechanical Bride*, einem geistreichen Kommentar zur Welt der Werbung, darauf hingewiesen. Darin beschreibt er, wie Frauen zu Maschinen herabgewürdigt und den aufblasbaren, wärmflaschenähnlichen lebensgroßen Gummi- oder Plastikpuppen ähnlich werden, die in Kobe oder Marseille zu haben sind und die angeblich Seeleuten ihre langen, einsamen Reisen versüßen. Er zeigt auf, daß Frauen in einzelne, auswechselbare Teile zerlegt werden, als wären sie Autos — in Frisur, Lippen, Brüste, Taille, Hüften, Pobacken, Beine — und jeder Teil zum Objekt fetischistischer Anbetung wird. Das gängige Schönheitsidol ist ein überschlankes Mädchen mit langem, glattem Haar, aufgeblasenen Brüsten, schmaler Taille und mäßig gerundetem Hintern. Die Modelle von Renoir und Ingres hingegen waren wohltuend mollig, und die prähistorischen Venus-Figuren des westlichen Europas hatten einen so ausladenden weiblichen Körperbau, daß man heute leicht auf den Gedanken kommen könnte, sie hätten allesamt Elephantiasis gehabt.

Machtbesessene Männer sehen ihr Lebensideal darin, eine Plastikfrau zum „Stoßen" zu finden (das Wort spricht für sich). Sie quatscht nicht. Sie liegt perfekt still. Sie nimmt jede gewünschte Stellung ein und läßt sich alles gefallen. In Wahrheit läuft die gesamte technologische Entwicklung darauf hinaus, die ganze Natur in eine Plastikfrau zu verwandeln — in eine vollkommen gehorsame, voraussagbare Masse, die alles sein kann, ein Püppchen oder eine Mieze, eine Schlampe, ein Weibsstück oder ein altes Luder, eine Fotze oder ein Arschloch.

Die Welt der Politik wird weiterhin von Männern beherrscht, die, wie Julius Cäsar, nicht genau wissen, ob sie nun heterosexuell oder homosexuell sind. Sie schämen sich meist, frank und frei beides zu sein, und um ganz sicher zu gehen, daß sie wirkliche Männer sind, ziehen sie eine ungeheure Schau ab mit ihrer Männlichkeit. Westeuropa und Nordamerika sind total übervölkert mit derlei Wesen männlichen Geschlechts. Sie reißen jede Menge Frauen auf und zählen ihre Nummern wie ein Kampfflieger, der seine Maschine mit Siegestrophäen von abgeschossenen Feindflugzeugen dekoriert. Aber sexuell richtig in Fahrt kommen sie erst, wenn sie andere Männer (die sie heimlich lieben) aufspießen, erschießen oder foltern können — weil sie Wollust empfinden beim Anblick der letzten Zuckungen eines Sterbenden. Beim Sadomasochisten sind ein paar Nervenbahnen über Kreuz geschaltet, so daß sich die Konvulsionen des Orgasmus mit denen des Schmerzes vermischen (ein nützlicher Trick bei unerträglichen Schmerzen, allerdings auch nur dann). Die angebliche Notwendigkeit, sich als Mann zu beweisen, manifestiert sich nicht nur im Kriegshandwerk, sondern auch in solchen Pseudo-Sportarten wie Boxen (im Unterschied zum Judo), amerikanischem Fußball und im Stierkampf. Bei all diesen ambitiösen Tätigkeiten wird Energie daran gewendet, gegen den Strom zu schwimmen, gegen Schwerkraft und Wind anzugehen.

[illegible] nan nicht statt dessen seine Lust im Bett an den rhythmi-
[illegible] gen von Frau oder Freundin, wenn man sie zur echten Ek-
[illegible] em Besen reitenden Hexe gebracht hat? Mir erscheint das
[illegible], als andere Leute samt ihrem Eigentum kaputtzuschlagen
oder Wildti[illegible] grundlos zu töten oder in einem vierrädrigen Phallus Rennbahnen entlangzudonnern. Warum wendet man sich nicht lieber solchen Dingen zu wie Segelfliegen, Segeln, Schwimmen oder Tanzen? Übrigens habe ich bemerkt, daß diese Cäsar-Fritzen beim Tanzen vollkommen steif und hölzern bleiben, weil sie ihre Hüften nicht frei schwingen lassen — das wäre nach ihren Begriffen eine ausgesprochen weibliche Bewegung. Schon als Jungen sind sie darauf gedrillt worden, strammzustehen, in Viererreihen anzutreten, in Reih und Glied zu marschieren (im Marschtritt oder Stechschritt), mit grotesker Zackigkeit das Gewehr zu präsentieren, kurz: sich an die nutzloseste Disziplin zu gewöhnen, die es je gegeben hat. Vielleicht gewinnen sie tatsächlich ein paar Schlachten (wenn auch unter ungeheuren Opfern an Material und Menschenleben wie im Holocaust des Ersten Weltkriegs), aber sie verlieren ganze Kriege — heutzutage sind alle Kriege verloren.

Der traditionelle Militärstil ist also rein symbolisches Männlichkeitsgehabe. Eine marschierende Einheit ist leicht mit Flankenfeuer anzugreifen oder zu bombardieren. Amerikanische Soldaten im vietnamesischen Dschungel wurden im Nu aufgespürt und gestellt auf Grund ihres Seifengeruchs und ihrer leuchtend weißen Gesichter. Zudem tragen Soldaten einschnürende Uniformen und Stiefel, die es ihnen unmöglich machen, schnell zu rennen und sich anzuschleichen oder irgendwo hindurchzuschlängeln. Alle Kriechbewegungen werden offensichtlich als eine Art Betrug angesehen. Es gilt als hinterlistig, dem Feind an der Front nicht aufrecht wie ein Mann gegenüberzustehen — da gibt man natürlich eine prima Zielscheibe ab. Ich erinnere nur an jene wahnwitzigen *Banzai*-Angriffe der Japaner im Zweiten Weltkrieg, bei denen sie in selbstmörderischer Weise ihren Samurai-Männlichkeitswahn zur Schau stellten, denn sie liefen geradewegs der massierten Feuerkraft der amerikanischen Industrie in den Rachen.

Dulce et decorum est pro patria mori — süß und schicklich ist es, fürs Vaterland zu sterben — oder im redegewaltigen, schwülstigen Stil Lord Macaulays:

Horatius, der tapfre Held,
Des Tores Hauptmann, sprach:
,,Kein Mensch in diesem Erdenrund
Entgeht der Todesschmach.
Und gibt's ein besser' Sterben denn
Als das im Kampfesruhm,
Für seiner Väter Asche,
Der Götter Heiligtum?''

Man gibt also sein Leben hin für eingeäscherte Verwandte auf Urnenfriedhöfen und für symbolische Objekte aus Stein wie Tempel und Kirchen. Wenn ich eine Predigt zur Grundsteinlegung einer Kirche halten müßte, würde ich als Text die Worte Jesu wählen: ,,Welcher ist unter euch Menschen, so ihn sein Sohn bittet ums Brot, der ihm einen Stein biete?'' Unter uns kommt das Steineanbieten nämlich oft vor, man nennt es auch Generationskonflikt.

Die amerikanischen Indianer wissen, das Steine lebendig sind, aber in unserer Kultur repräsentiert Stein, der Grabstein, den Tod — die Krönung der Männlichkeit ist ein dramatischer Tod auf dem Felde der Ehre, in Verteidigung rein verbaler, symbolischer Werte. Und der Spötter Bob Dylan macht sich einen ironischen Vers auf das Ganze mit seinem herrlich doppeldeutigen Song ,,Everybody's gotta get stoned''. Wir kommen zu dem Schluß, daß alles, was wir mit Männlichkeit, Tapferkeit, Heldentum und Mut in Verbindung bringen, nichts anderes ist als ein Fasziniertsein vom Tod. Wer die Probe besteht, dessen Name wird in ein großes steinernes Kriegerdenkmal eingemeißelt, damit der so Geehrte für alle Zeiten fest und aufrecht steht — was im Leben nicht immer einfach war.

Hat nicht Voltaire einmal gesagt: ,,Il faut cultiver notre jardin'' — wir müssen unseren Garten pflegen? Aber in den Vereinigten Staaten *bezahlen* wir Farmer dafür, nichts zu tun oder ihre Ernte zu vernichten oder wenigstens einzulagern. Denn leider bringen wir unserer grünenden, safttreibenden, sprießenden Erde keine echte Liebe entgegen — wir halten es für unter unserer Würde, liebevoll mit ihr zu spielen, weil wir fasziniert und hypnotisiert sind von der Massenerektion der Kästen und Kisten und alles begradigen wollen. Vieles davon nahm seinen Anfang damit, daß unser Landvolk einer starren, sexfeindlichen Religion anhing, die sich auf ein elegant fehlübersetztes Buch gründet: *Die Bibel*. Kein Wunder, daß die Bauernkinder zur Selbsthilfe schritten und zum hellen Licht, zu den Zerstreuungen der Städte flohen, wo sie sich mit Mädchen amüsieren konnten. Wo jedoch die Liebe zu allem Grünen, Zarten, Erdhaften, Heidnischen und Lustvollen der Welt fehlt, herrscht der Tod. Der Ruf „Zurück zur Natur" wurde als unrealistische Sentimentalität verspottet, aber es sollte mich wundern, wenn er nicht zum ernsten Hilfeschrei werden würde. Im Jahre 40 v. Chr. machte sich der weise römische Kaiser Augustus Sorgen über die Landflucht der bäuerlichen Bevölkerung und bewegte Vergil dazu, die berühmten Zeilen zu schreiben:

> *O fortunatos nimium, sua si bona norint, agricolas!* . . .
> Allzu Glücklichen ihr, wofern ihr selber das eure,
> Bauern, erkennet! Fern vom Mißklang streitender Waffen
> Schüttet euch jeden Bedarf die gerechteste Mutter zu Füßen.

Nach langen, an Yoga und Zen orientierten Meditationsübungen bin ich schließlich zu der Einsicht gekommen, daß es weder langweilig noch entwürdigend ist, sich die Hände dreckig zu machen. Als Mensch mit sitzender Lebensweise, Schriftsteller und Intellektueller, besitze ich nicht solche Kräfte, wie ich sie für die Gartenarbeit brauchen könnte, aber das will nicht viel heißen, denn meine zart und zerbrechlich wirkende siebzigjährige Nachbarin, die Dichterin Elsa Gidlow, bebaut einen Garten, der unsere ganze Gemeinde mit Gemüse versorgt. Gibt es mystischere und erotischere Freuden als Apfelbäume, Salatreihen, Kräuterbeete, rankende Stangenbohnen oder ein Kartoffelfeld?

Doch die Menschheit des zwanzigsten Jahrhunderts ernährt sich wahrhaftig durch die Produktion von Schrott und Unrat — Superwaffen, riesigen Betonklötzen, ungezählten Kilometern Draht und Millionen von Konsumgütern, die ich nicht im Traum besitzen möchte. Fast jeder, der in der Stadt arbeitet, stellt irgendwelchen Plunder oder allerlei Kram von zweifelhaftem symbolischen Wert her. Ich verdamme keineswegs die technische Fertigkeit, mit der wir uns Feuer, Metalle, Elektrizität oder auch Computer nutzbar machen, aber ich frage mich, was wir eigentlich damit anfangen. Und noch einmal: WAS WOLLEN WIR EIGENTLICH? Ich stelle die Frage wieder und wieder, wohin ich auch komme.

Ich habe vorgeschlagen, bei der Aufnahmeprüfung fürs College von jedem Studenten eine detaillierte schriftliche Arbeit darüber zu verlangen, wie er sich das Paradies vorstellt, und diese Arbeit dann von seinem Professor oder Tutor auf Konsequenz, Phantasie und Durchführbarkeit prüfen zu lassen. Im Rahmen einer Encounter-Gruppe habe ich einmal eine Diskussion darüber anzuregen versucht, welche Kontaktformen uns in diesem Augenblick, hier und jetzt, die größte Freude machen würden, aber die Teilnehmer schienen sich lieber mit ihren zwischenmenschlichen Schwierigkeiten und Problemen zu befassen.

Wir wissen nicht, was wir wollen, weil wir nur eine verschwommene Vorstellung vom Wünschenswerten haben. Wir haben uns daran gewöhnt, ziemlich undefinierbaren Zielen nachzujagen — Glück, Liebe, Güte, Nächstenliebe, Vergnügen, Ruhm, Reichtum, Macht, Frieden oder Gott — aber trotz aller Worte haben wir keine Ahnung, was sie bedeuten.

Deshalb will ich diesen Essay damit beschließen, aufzuzählen, was ich mir wünsche und was ich zum guten Teil schon habe: Ich will Zeit haben, still zu sitzen oder langsam meines Weges zu gehen, dabei staunen und fühlen, wie das Dasein wirklich ist, das Lebendig-tot-Sein, meinen Atem beobachten, alle Geräusche in der Luft wahrnehmen und mir von Wolken und Sternen meine Augen liebkosen lassen. Ich will von meinen Ängsten freikommen und in Lachen ausbrechen und mir ein für allemal darüber klar werden, daß Leben und Tod zwei Seiten ein und derselben Münze sind. Ich wünsche mir eine Gefährtin, die abwechselnd mit mir eins ist und mit mir ringt, mir zustimmt und mir widerspricht, mich bewundert und dann plötzlich zeigt, daß sie so viele Dinge besser kann als ich. Ich möchte für interessierte Leute schreiben und vor interessierten Zuhörern reden, sie fesseln und mit ihren Fragen spielen, aber darüber hinaus auch von Leuten, die spannend erzählen können, Dinge hören, die mir neu sind. Ich habe Freude daran, zuzusehen, wie Licht und Wind auf der Oberfläche des Wassers spielen und wie die Möwen, Pelikane, Seeschwalben und Wildenten zu Besuch kommen. Ich sitze gern auf einem Felsen weit draußen oder an einem einsamen Strand, lausche auf das Branden der Wellen und betrachte den Morgenhimmel im Westen. Ich will Pfeile so hoch in die Luft schnellen, daß sie sich in Vögel zu verwandeln scheinen. Ich möchte die Berge erforschen, über Hügel und durch Wälder streifen und einen Wasserlauf in der Dämmerung rauschen hören.

Ich möchte an der Schreibmaschine sitzen und, wenn mir danach zumute ist, meine Gefühle sorgfältig und prägnant in Worte fassen — obgleich das ein Ding der Unmöglichkeit ist. Ich habe Lust, in einer farbenfrohen, geräumigen Küche neue Gerichte auszuprobieren, eine Suppe, einen Eintopf, eine neue Methode, Fisch zu dünsten, vielleicht auch zu versuchen, nach chinesischer Art etwas im *Wok* (einer Pfanne mit gewölbtem Boden) pfannenzurühren. Das erinnert mich daran, daß ich liebend gern mit den feinsten chinesischen Tuschepinseln herumspiele und parfümierte Tuschestäbe in Wasser reibe, um danach das tänzerische Pinselspiel auf dem Papier zu verfolgen, auf dem sich die Schriftzeichen formen. Ich möchte ein Holzkohlenfeuer entfachen, auf dem ich spät am Abend Zedernblätter oder Sandelholz verbrenne und dabei klassische oder Rock-Musik anhöre oder dazu tanze.

Wie gern beobachte ich Lichtbrechungen in Glas und Kristall oder liege unter einem Baum und blicke in die Krone empor, durch die ein strahlend blauer Himmel schimmert! Und wenn ich nachts dort schlafe, will ich kurz vor Morgengrauen erwachen, um die noch nicht verblichenen Sterne durch die Äste funkeln zu sehen. Was gäbe ich drum, einmal wieder um vier Uhr morgens die Glocke des Nansenji, eines Tempels in Kyoto, zu hören — mehr ein Gong als ein Läuten. Ich würde gerne nach Sikkim und Nepal fahren und den Himalaya anstaunen, ohne auf seine Gipfel zu klettern. Und was für ein Vergnügen ist es doch, mit ein paar guten Freunden beisammenzusein, Stilton-Käse, Melonen, schweres Schwarzbrot und *prosciutto* zu essen und Gardener's Old Strong zu trinken, ein aus der Mode gekommenes englisches Ale!

Das alles mag sehr irdisch klingen, aber es ist, ganz flüchtig, meine Vorstellung vom Himmel.

Oktober 1970

GESANG DER STERNE

Ich betrachte etwas, so weit entfernt,
daß ich es sehe, wie es war
vor Jahrmillionen, nicht wie es heute ist.
Weit, weit jenseits unserer flachen Lichter-Helix,
die nur Entfernung zur Milchstraße verdichtet —
   dem Horizont, auf den zu unsere Erde
   die ganze Nacht lang taumelnd ostwärts rollt —,
dort haben Lichter Zahlen, keine Namen.

Doch nennt der Magier mir, und seine Stimme hallt
echolos wider unter der dunklen imaginären Kuppel,
die Namen, die, der Zunge völlig fremd,
die ferne Riesenhaftigkeit bemessen
von Aldebaran, dem hellen Horn des Stiers,
Arcturus, dem Speer des Bärenführers,
Beteigeuze und Rigel, Orions, des großen Jägers Schmuck,
von Wega, die auf der Leier spielt, und Deneb, dem Kopf des Schwans.

Sieh Ras Alhague und Sabik im Griff des Schlangenträgers,
Alphecca in der Nördlichen Krone,
Eltamin, Spielball des Drachens,
Hadar und Menkent, wo der Fuhrmann stolz einherfährt,
Formalhaut, der den Fischen südwärts folgt,
und Altaïr, wo der Adler schwebt.

Nicht aufwärts, abwärts blicken wir in unsere Galaxie hinein,
wir rollen über einen Sternengrund,
und dessen Zentrum liegt unsichtbar dort, wohin des Schützen Pfeil zielt,
zwischen Shaula und dem Schild.
O Algol, Almach, Elnath, Alpheratz,
Hamel, Mirfak, Antares und Caph —
mit der Melodik eurer sagenhaften Namen
verzaubert der Magier den Himmel.

Dieses Gedicht entstand eines Nachts in der Wüste, am Joshua-Tree-National-Monument in Südkalifornien, wo die Luft so rein ist, daß sie wie ein Vergrößerungsglas wirkt. Wir hatten aber auch ein *Questar*-Teleskop. Zum erstenmal wurde mir unsere Beziehung zur Milchstraße bewußt und verständlich, und plötzlich waren die Sterne nicht länger ein wirres Feuerwerk über meinem Kopf. Jetzt kann ich auch begreifen, warum einer meiner Freunde, der Psychiater Dr. Leonard Miller, seine Patienten mit Astronomie behandelt.

Die Erde ist im Himmel. Sie dreht sich, fällt und schwebt in einem Spiralnebel. Die Erde ist nicht das Gegenstück zum Himmel: Sie gehört mitten hinein in die Familie der Sterne. Jeder der drei Teile von Dantes *Göttlicher Komödie* endet mit dem Wort „Sterne". Und wer einmal Austin Farrers Kommentar zur Offenbarung, *A Rebirth of Images,* liest, wird merken, daß aus allen Himmelsvorstellungen hebräischer, christlicher und islamischer Tradition eine tiefe Kenntnis der Astrologie und Astronomie spricht. Die Verfasser der vier Evangelien werden mit den vier „festen" Tierkreiszeichen des Zodiak in Zusammenhang gebracht: Matthäus mit dem Wassermann, Markus mit dem Löwen, Lukas mit dem Stier und Johannes mit Phönix-Skorpion, und oft sind die Balken des Kreuzes mit diesen Symbolen versehen.

Himmel wird immer mit Glückseligkeit und Wonne assoziiert, so wie man sagt: „Es war einfach himmlisch." Warum beten die Christen: „Unser Vater, der du bist im Himmel" und glauben, daß Jesus gen Himmel gefahren ist? Und warum haben die Griechen ihre Helden unsterblich gemacht, indem sie die Sternbilder nach ihnen benannten?

Wir zivilisierten Menschen sind in unserem Seelen- und Sinnesleben kurzsichtig. Wir befassen uns mit unbedeutenden Bagatellen. Das Dauernde und Ewige jedoch ignorieren wir, und deshalb sind wir außerstande, unsere wahre Identität als Glied, Funktion, Ausdruck und Manifestation alles dessen, was im Himmel sichtbar ist oder darüber hinausgeht, zu begreifen. Wir verstecken uns in Bauklötzen, richten unsere Aufmerksamkeit auf Papierfetzen und widmen uns den diversen symbolischen Geräuschen, mit denen wir einander alles mitteilen, was in Läden und Büros, Salons und Schlafzimmern vorgeht.

Aber wenn deine Katze des Nachts davonschleicht, ist sie nicht nur auf ein Liebesabenteuer aus. Sie sitzt und betrachtet den Himmel; sie wird mit den Sternmustern ebenso vertraut wie du mit den Straßen deiner Heimatstadt und findet darum immer ihren Weg von Minneapolis nach Tucson zurück (was wirklich geschehen ist). Auch die europäischen Grasmücken und andere Vögel richten sich auf ihren periodischen Wanderflügen erwiesenermaßen nach den Sternen. Im Unterschied zu den Menschen haben sie ein Empfinden für ihre Zugehörigkeit zum Kosmos. Darum haben sie auch keinerlei Bedürfnis nach der streitbaren Künstlichkeit der Religionen, die durch Worte, Ideen und Symbole zu ersetzen suchen, was klar vor aller Augen liegt.

Wie vielen von uns heute ist klar, daß Raum das gleiche ist wie Geist oder Bewußtsein? Daß man sich selbst anschaut, wenn man in die Unendlichkeit blickt? Daß unser Inneres zum gesamten Äußeren gehört wie der Bauch zum Rücken? Daß diese Galaxis wie alle andern Galaxien genauso ein Teil von uns ist wie unser Herz oder Gehirn? Daß unser Kommen und Gehen, Wachen und Schlafen, Geborenwerden und Sterben genau solche rhythmischen Phänomene sind wie die Sterne und die sie umgebende Dunkelheit? Angst vor dem Leben haben heißt, Angst vor sich selbst zu haben.

Natürlich haben wir unser Bestes getan, die Sterne zu ordnen, ihnen Plätze an einer imaginären himmlischen Kuppel mit 360 Breitengraden zuzuweisen und dann Bilder auf sie zu projizieren, als sei der ganze Himmel ein großer Rorschach-Klecks. Ob Katzen und Grasmücken das auch tun? Ich betrachte lieber die Sternmuster in gleicher Weise, wie ich die Strukturen von Gischt und Schaum, Bergen und Wolken, Marmor und Rauch betrachte. Denn diese Dinge haben eine eigentümliche unsymmetrische *Ordnung* — eine unberechenbare Ordnung —, die die Chinesen *li* nennen und mit dem Schriftzeichen 理 darstellen, das die Marmorierung von Jade oder Maserung von Holz beschreibt. Instinktmäßig erkennen wir eine Ordnung in solchen Strukturen, die sich deutlich vom bloßen Chaos zufällig verstreuter Dinge unterscheidet. Es handelt sich nicht um eine Ordnung, die wir mit Begriffen aus unserm linearen Wort- und Zahlensystem messen oder kalkulieren könnten. Diese Systeme sind nur ein Abklatsch des Lebens, und selbst wenn sie so hochentwickelt wären, daß sie die Zukunft in allen Einzelheiten voraussagen könnten, würden sie diese Zukunft doch nur als bereits bekannt, vergangen und tot wiedergeben. Die Ordnung des *li* und der Sterne ist eine Ordnung der Überraschungen, eine Ordnung, die nur als solche erkannt werden kann, weil sie mit dem Zufall spielt.

Darum heißt es von der Erleuchtungsweisheit, dem *Satori* des Zen-Buddhismus, sie sei:

> Eine direkte Überlieferung außerhalb der Schriften;
> Unabhängig von Worten und Schriftzeichen;
> Ein unmittelbares Zeigen auf das Herz . . .

also, etwas schwerfällig ausgedrückt, ein Zeigen auf die Wirklichkeit als Un-Ding, als etwas Unaussprechliches, Unmeßbares, Unbegreifbares — wobei jedes „un" eher eine Affirmation als eine Negation, ein Plus als ein Minus bedeutet.

Nachdem ich *das* gesagt habe, komme ich mir vor wie ein Narr. Vielleicht liegt es auch daran, daß ich älter werde, jedenfalls erscheinen mir die Äußerungen der Soziologen, Psychologen und Theologen als völlig sinnlos, einschließlich der scharfen, zynischen Schriften all jener, die sich logische Positivisten oder wissenschaftliche Empiristen nennen. Einiges wird wiedergutgemacht durch einen gewissen poetischen Schwung, eine persönliche Note des Ausdrucks, die ihnen mehr Melodik als Logik verleiht — solche philosophischen Abhandlungen kann man mit dem gleichen Vergnügen lesen wie man bei Tagesanbruch dem Zwitschern der Vögel lauscht. Die meisten Schulphilosophen mögen zwar über das lachen, was die Mystiker und Metaphysiker von sich geben, und es als *erdichtet* abtun, aber ich neige mehr und mehr zu der Ansicht — wie R. H. Blyth und Paul Reps —, daß die Wirklichkeit Dichtung *ist*.

Die wissenschaftliche Astronomie wird allerdings immer eingleisiger und mathematischer und ihr Verhältnis zu den Sternen immer aufgeblasener und amtlicher. So auch die Astrologie: Während sie sich damit befaßt, die Zukunft vorauszusagen, verliert sie jeden Bezug zum wirklichen Sternenhimmel. Das kann so weit gehen, daß die Astrologen nur noch in ihre Sterntabellen gucken, nicht mehr in die Sterne — genauso wie die Börsenspekulanten keine Ahnung davon haben, wie sich die Methoden der Wirtschaft in der natürlichen Welt auswirken. (Sie wissen zum Beispiel gar nicht, daß die Vereinigten Staaten mit dem größten Teil ihrer Gelder und Energien ein riesiges Heer von Abrißarbeitern unterhalten — zu dem Zweck, die Fauna und Flora Indochinas zu vernichten.)

G. K. Chesterton hat einmal gesagt: Der Philosoph will den Himmel in seinen Kopf bekommen, der Dichter hingegen möchte nur seinen Kopf in den Himmel erheben. Wenn man also gefragt wird: „Wo hast du bloß deinen Kopf?", antwortet man am besten: „Im Himmel." Das Dumme ist nur, daß die meisten von uns heute in Städten leben, wo Dächer und Smog die Sicht auf den Himmel versperren. Wer denkt schon daran, daß jedes Fenster ein Ausblick in den Himmel sein könnte — denn wir leben sozusagen auf der Seite des Planeten und brauchen nur nach draußen zu gucken, nicht nach oben.

Das vereinfacht all unsere geistigen, religiösen und psychologischen Probleme. Geh hinaus, sieh den Himmel, und mach dir klar, wo du bist. Der Himmel ist für alle sichtbar da. Man wird an die Geschichte von dem Mann mit dem chronischen Ohrensausen erinnert. Er ging zu seinem Hausarzt, aber der konnte nichts finden und schickte ihn zum Hals-Nasen-Ohren-Arzt. Der konnte ebenfalls nichts finden und schickte ihn zum Psychoanalytiker, bei dem er ein Jahr lang zwei Sitzungen wöchentlich über die Symbolik des Ohrs hatte. Aber das Ohrensausen hörte nicht auf. Eines Tages ging er in ein Geschäft, um sich ein paar Hemden zu kaufen. Der Verkäufer fragte ihn, welche Größe er trage, und er erwiderte: „Ich trage immer Größe 42." Der Verkäufer, einer von der alten Schule, bemerkte daraufhin: „Sie werden entschuldigen, aber ich habe eine gewisse Erfahrung im Abschätzen von Kragenweiten und glaube, Sie sollten Größe 45 nehmen." Also wurde die Weite gemessen, und 45 stimmte. Mit dem neuen Hemd verschwand das Ohrensausen.

Natürlich ist mir theoretisch klar, daß die Namen der meisten Sterne arabisch sind und daß man sie sinngemäß ins Englische übersetzen könnte. Glücklicherweise verstehe ich kein Arabisch, und so behalten die Namen ihre Magie. Die gleiche Magie haben die chinesischen Schriftzeichen im Straßenbild von Hongkong oder Tokyo für den, der sie nicht lesen kann und nicht weiß, daß sie nur FRISEURSALON oder HEUTE FRISCHER FISCH bedeuten. (Selbst das ist gar nicht so langweilig, wenn man eben erst Chinesisch gelernt hat oder wenn die Schriftzeichen in schöner Kalligraphie ausgeführt sind.) Aber was passiert, wenn wir mit ungeheurem Kostenaufwand endlich zum Mond gelangen und, wie bereits geahnt, nur einen Schlackehaufen vorfinden? Oder feststellen, daß die meisten Sterne nur radioaktive Gasbälle sind, umgeben von toten Planeten? Daß das Leben selbst nur ein äußerst stumpfsinniger elektronischer Mechanismus ist? Man verliert dabei seinen Appetit und bekommt ein ähnliches Gefühl, als wenn man sagt, daß „alle Frauen im Dunkeln gleich aussehen''. Unsere technisierte Welt brüstet sich sogar damit, keinen Appetit zu haben, ist stolz auf die Entdeckung, daß das Universum weder magisch noch geheimnisvoll ist und daß Mutter Natur nur eine alte Vettel ist. Alles weitere folgt daraus: Das Essen schmeckt nach Plastik, der Wein nach Chemie und die Luft nach Kohlenmonoxyd.

Es bleibt dabei, unabänderlich und unabweislich: Wir sehen die Natur als unser eigenes Ebenbild. Wir denken über sie genauso, wie wir über uns selbst denken, und ich nehme an, man kann den Nächsten auch hassen wie sich selbst, statt ihn zu lieben wie sich selbst. Das heißt, in dem Maße, in dem man sich selbst auf eine Formel reduziert, auf eine bestimmte Persönlichkeit, auf ein definierbares Ego, einen armseligen Sünder (mit einem Sündenregister für die Beichte) oder einen psychologischen Standardtyp (mit durchanalysierten Träumen), macht man sich selbst zum Allmächtigen mit nichts dahinter. Der Trick ist durchschaut. Der Magier ist als Scharlatan entlarvt.

Juni 1971

WAR JESUS EIN FREAK?

Vor ein paar Tagen habe ich ein recht nettes Tramperpärchen mitgenommen, das anscheinend kein bestimmtes Ziel hatte. Ich fragte: ,,Auf was für einem Trip seid denn ihr?'' Darauf der Typ: ,,Du meinst sprirituellen Trip?'' ,,Ja.'' Er sagte: ,,Wir sind auf dem Jesus-Trip.'' ,,Wessen Jesus'', fragte ich weiter, ,,Billy Grahams oder meiner?'' ,,Das ist doch wohl so ziemlich dasselbe, oder?''

Das ist nicht dasselbe. Billy Graham folgt einer langen Tradition sowohl katholischer wie auch protestantischer Prägung, die das von Jesus verkündete Evangelium (die ,,frohe Botschaft'') verdunkelt und verdreht hat, denn Jesus wurde auf einen Sockel gehoben, sozusagen hinaufkomplimentiert, damit er aus dem Weg war, und fortan handelte es sich nicht mehr um *seine* Religion, sondern um eine Religion *über ihn*. Mit Sicherheit war Jesus nicht darum der Mensch, der er war, weil er sich Christus als seinen Erlöser auserwählt hatte. Seine Religion bestand in dem Wissen, Gottes Sohn zu sein, und ,,Sohn sein'' heißt hier, ,,von gleicher Natur sein''; Gottes Sohn ist also jemand, dem klargeworden ist, daß er immer eins mit Gott war und ist. ,,Ich und der Vater sind eins.''

> Da hoben die Juden abermals Steine auf, daß sie ihn steinigten. Jesus antwortete ihnen: ,,Viele gute Werke habe ich euch erzeigt von meinem Vater; um welches Werk unter ihnen steinigt ihr mich?'' Die Juden antworteten ihm: ,,Um eines guten Werkes willen steinigen wir dich nicht, sondern um der Gotteslästerung willen und weil du als ein Mensch dich selber zu Gott machst.'' Jesus antwortete ihnen: ,,Steht nicht geschrieben in eurem Gesetz: ‚Ich habe gesagt: Ihr seid Götter?' Wenn er Götter die nennt, zu welchen das Wort Gottes geschah — und die Schrift kann doch nicht gebrochen werden —, wie sprecht ihr denn zu dem, den der Vater geheiligt und in die Welt gesandt hat: Du lästerst Gott, — weil ich sagte: Ich bin Gottes Sohn?''

Aber die selbstgefälligen Christen, besonders die Fundamentalisten und Bibelanbeter, bestehen darauf, daß Jesus der einzige war, der zugleich Sohn einer Frau und Sohn Gottes war, und fordern uns Übriggebliebene alle auf, dem Beispiel dieses einen Ausnahmemenschen zu folgen, der von allen andern auserlesen war, der Sohn des Chefs zu sein. Das ist keine frohe Botschaft. Es ist lediglich ein chronischer Spleen, eine aus Schuldgefühlen resultierende Selbsttäuschung. Jesu Leben wird zum Ausstellungsstück unter Glas — nur zum Anbeten, nicht zum Nachahmen.

Wie jeder aufgeklärte Student der Religionsgeschichte oder -psychologie weiß, hatte Jesus — als einer von vielen — ein tiefes Erlebnis kosmischer Bewußtheit — jener lebendigen Einsicht, daß man selbst eine Manifestation der Urenergie des Universums ist, des grundlegenden „Ich-bin". Aber es ist sehr schwierig, dieses Erlebnis zu erklären, wenn die einzig verfügbare religiöse Symbolsprache aus diesem „Ich-bin" einen allwissenden, allmächtigen Monarchen oder Selbstherrscher macht, einen wohltätigen Tyrannen, der über einer Schar anbetender Hofschranzen thront. In diesem kulturellen Kontext kann man nicht sagen „Ich bin Gott", ohne gleich der Auflehnung und Unbotmäßigkeit, des Hochmuts, der Hybris oder Gotteslästerung bezichtigt zu werden. Jesus wurde dafür gekreuzigt. In Indien hätten die Leute gelacht und sich mit ihm gefreut, denn die Hindus wissen, daß wir alle Gott sind, der in verschiedenen Rollen mit sich selbst Versteck spielt. Ihr Modell des Universums basiert nicht auf den politischen Systemen der Ägypter, Chaldäer und Perser, deren grausame Gewaltherrschaft noch immer durch die jüdische, christliche und islamische Religion geistert, bis in das freie Land der USA. Im Hinduismus ist das ganze Universum wie die Heilige Dreifaltigkeit: eines in vielem, vieles in einem. (Und natürlich sind die Hindus die Geächteten auf Erden und von Moslems und Christen in die äußerste Armut getrieben worden.)

Aber Jesus mußte sich der damals verfügbaren Medien bedienen, die seine Worte so verfälschten, daß nur der bombastische Anspruch übrigblieb, er einzig und allein sei die Verkörperung Christi, die Inkarnation Gottes als Mensch. Auch das ist keine frohe Botschaft. Gut ist nur die Botschaft, daß, wenn Jesus sich seiner Identität mit Gott bewußt werden konnte, unsereinem ein gleiches offensteht — und dieser Gott braucht kein anmaßendes Herrscheridol inmitten eines königlichen Hofstaates von Engeln und Geistlichen zu sein. Gott, „die Liebe, die Sonne und Sterne bewegt", ist etwas viel Innerlicheres, Vertrauteres, Geheimnisvolleres — er ist viel zu nahe, um als Gegenstand erkennbar zu sein.

Es zeigt sich also, daß die neue Generation von Jesus-Freaks in die Fußstapfen des kirchenlosen Außenseiters Jesus tritt — dieses seltsamen Wesens, das auf unnatürliche Weise geboren und dessen Leiche auf sonderbare Weise für einen Raumflug gen Himmel wiederbelebt wurde. (Man kann diese alten Bilder natürlich auch tiefergehend und frei interpretieren, wie ich das in meinem Buch *Beyond Theology* versucht habe.) Aber den Menschen Jesus darzustellen als die einzige historische Inkarnation eines göttlichen Wesens, des herrschaftlichen, militanten Königs Jehova, bestärkt nur aufs neue den abscheulichen Dünkel der „weißen" Christenheit — mitsamt der grausamen Selbstgerechtigkeit ihres missionarischen Eifers. Ihr mag vielleicht die Unwissenheit vergeben werden, aber für den engstirnigen Fanatismus religiöser Vereinsmeierei gibt es heute, wo uns die Reichtümer aller Kulturen und Religionen der Erde vor Augen liegen, keinerlei Entschuldigung mehr.

Die Jesus-Freaks sind noch voll unschuldiger Begeisterung, sie haben noch nicht gemerkt, worauf sie zusteuern mit ihren Ansprüchen und Forderungen. Aber auch sie werden einsehen müssen, daß das Christentum viel glaubwürdiger erschiene, wenn es sich nicht länger als etwas Besonderes betrachtete. Das Christentum hat nur dann Anspruch auf Allgemeingültigkeit, wenn es Jesus als ein einzelnes Beispiel, als einen bestimmten Ausdruck der Weisheit ansieht, die sich, wenn auch anders, ebenso in Buddha, Laotse und so modernen Avatars wie Ramana Maharshi, Ramakrishna und vielleicht in Aurobindo und Inayat Khan verkörpert. (Ich könnte noch viele mehr aufzählen.) Diese Weisheit besagt, daß keiner von uns nur ein kurzes Inseldasein hat, sondern daß wir alle Formen des gleichen „Ich-bin" sind, das in verschiedenen Schwingungen zum Ausdruck kommt. Wenn wir das erkennen, stimmen wir besser mit anderen Schwingungen zusammen.

Die Christen, die sich ja so oft durch Verbissenheit und Strenge auszeichnen, äußern nun wahrscheinlich mit Besorgnis und erhobenem Zeigefinger, daß all dies sehr ungenaue, vage, verschwommene und sentimentale Feststellungen sind. Aber aus dem blechernen Scheppern ihrer beherrschten Stimmen, ihren übergenauen Unterscheidungen und präzisen Kalkulationen höre ich Hackenzusammenschlagen und das Knacken von Gewehrhähnen heraus. „Der Glaube siegt! Hoch wehn des Kreuzes Fahnen!" Das kann nicht der Weg des wahren Menschen sein.

Juli 1971

WOHIN MIT DER KIRCHE?

Was machen wir bloß mit jenem kostbaren Riesenbesitz, der, nicht ganz zutreffend, als Kirche bezeichnet wird — als katholische, presbyterianische, lutherische, methodistische, freie, Episkopal- oder Unionskirche? Ich habe da ein paar praktische Vorschläge. Bob Dylan singt zwar: „Something is happening and you don't know what it is, do you, Mr. Jones?" Aber die theologische Ausbildung ist in den letzten Jahren viel zeitgemäßer geworden, so daß sich die jungen Geistlichen selbst an den Kopf fassen, wenn die Gemeinden weiterhin alles so haben wollen, wie es ihrer Meinung nach immer war, ob auch die Kirchenbänke leerer und leerer werden, je mehr Gemeindemitglieder vom alten Schrot und Korn wegsterben.

Das Wort Bänke erinnert mich daran, daß ich mir als Kind immer vorgestellt habe, die Kirche sei ein Autobus. Der Vikar thronte vorn oben als Chauffeur, und die Leute saßen aufgereiht nebeneinander und starrten auf den Rücken des Vordermanns. Die Orgelmusik war das Motorengeräusch. Und alle sangen dauernd Lieder mit „Vorwärts!" und „Aufwärts!" Diese Art von Kirche erfreut sich noch immer einer gewissen Beliebtheit bei älteren Leuten in den ländlichen Gegenden der Vereinigten Staaten. Aber in den dichtbesiedelten Gebieten an den beiden Küsten und im Umkreis solcher Städte wie Chicago sind die Kirchen — besonders wenn ihnen große Kathedralen und Gemeindezentren gehören — in ernsten finanziellen Schwierigkeiten. Zum Beispiel kostet es um die 800 Dollar am Tag, allein die Grace-Cathedral in San Francisco mit allem Drum und Dran zu unterhalten, und das, obwohl nur etwa 80 Leute zum sonntäglichen Gottesdienst kommen.

Ich selbst war einmal Geistlicher der Episkopalkirche und habe fünf Jahre lang als Kaplan Studenten, amerikanische Militäreinheiten und den Lehrkörper der Northwestern University unterrichtet, ich weiß also, wovon ich rede. Außerdem beschäftige ich mich seit vierzig Jahren mit vergleichenden Religionswissenschaften und bin zu dem Schluß gekommen, daß nichts so schwierig ist, wie einem einigermaßen gebildeten Menschen klarzumachen, was das konservative oder fundamentalistische Christentum eigentlich für eine Religion ist. Es ist zwar möglich, aber man braucht Stunden um Stunden dazu, ein solches System aus Theologie, Geschichte und Symbolik zu erklären — und oftmals erklärt man es damit tot. Es bleibt den meisten jungen Menschen so fremd wie die Religion der Inkas oder Azteken. Einige Leute — C. S. Lewis, William Temple oder auch Dorothy Sayers — haben es versucht, aber man wird das Gefühl nicht los, daß diese brillanten Intellektuellen einfach für alles eine Erklärung parat haben, ob sie nun behaupten, das ganze Sonnensystem befinde sich im Innern der Sonne (was man leicht beweisen kann) oder das Gesamtsystem der Galaxien sei die atomare Struktur eines Pickels auf der Nase einer netten alten Dame, ins Unermeßliche vergrößert.

Seit Jahrhunderten versuchen die Kirchen, junge Leute zur Annahme dieser absonderlichen Religion zu bewegen — mit geringem Erfolg. Sie probieren es mit kirchlicher Jugendarbeit, mit Tanz und Grill-Partys, mit Theater- und Diskussionsgruppen, mit Sportgruppen, Bibelkränzchen, Kirchenchören und Wohltätigkeitsveranstaltungen. Sie sind soweit gegangen, Jazz als Kirchenmusik einzuführen und Rock-Gruppen am Altar spielen zu lassen. Sie haben Gebete und biblische Geschichten in den Jargon der Zeit übertragen. Sie haben sogar Krypten und Kellergewölbe als Räume zur Verfügung gestellt, in denen vagabundierende, heruntergekommene Hippies nächtigen können. Trotzdem bleibt unausweichlich das Gefühl, als sei das Ganze eine Falle — und natürlich ist es das auch, denn als missionarische Organisation ist die Kirche stets auf ihren Vorteil bedacht gewesen, hat seit ihrer Entstehung ihre Schäflein gezählt und ist, da sie andere Religionen nur am Rande zur Kenntnis nimmt, von vorneherein davon überzeugt, daß sie alleinseligmachend ist. Ich nenne vier Gründe, warum man bei der Kirche von einer „Falle" sprechen kann:

1. Die Kirche will einem einreden, Jesus Christus als alleinigen Erlöser und Helden zu verehren, ihn nicht nur als weise, gütig und göttlich anzusehen, sondern — im Vergleich mit allen anderen — als das weiseste, gütigste und einzig wahre göttliche Wesen, das je auf Erden gewandelt ist und das auf irgendeine mysteriöse Weise, die nie richtig erklärt wurde, mit seinem Kreuzestod für alle unsere Sünden bezahlt hat, sofern man nur daran glaubt. (Bei dieser Art von Beweisführung verschmelzen Verteidiger und Richter zwangsläufig in einer Person oder Institution.)

2. Die Kirche besteht darauf, daß man sich aller wie auch immer gearteten genitalen Sexualaktivitäten enthält bis zu dem Zeitpunkt, an dem man, möglichst mit dem Segen der Kirche, in den monogamen Ehestand eintritt. In unserem gegenwärtigen Wirtschafts- und Erziehungssystem bleibt den meisten lebenslustigen Leuten also bis zum Alter von etwa 23 Jahren nur der totale Frust, es sei denn, sie haben sehr hilfsbereite Eltern. Ganz abgesehen davon ist es in jedem Fall ein gewagtes Unterfangen, in den Hafen der Einehe einzulaufen, bevor man nicht mindestens 40 ist.

3. Wenn man Mitglied wird, erwartet die Kirche von einem den Zehnten (in Form einer jährlichen Spende oder der Kirchensteuer), der zu einem Teil in die Missionsarbeit fließt, zum andern für den Unterhalt der eigenen Kirche verwendet wird, das heißt in der Hauptsache zur Entlohnung der Geistlichen, zur Abzahlung der Hypotheken für neue kirchliche Monumentalbauten und für Restaurierungen.

4. Die Kirche rechnet fest damit, daß man mindestens einen Sonntagsgottesdienst regelmäßig besucht, und mit sehr, sehr wenigen Ausnahmen sind diese allesamt fürchterlich. Sie bestehen zuerst einmal ausschließlich aus Reden. Man sagt Gott, was er tun und was er lassen soll, und informiert ihn über Dinge, die er als Allwissender längst weiß. Man gibt sich Mühe, Gottes Lob mit Knittelversen und religiösen Kinderliedern zu singen, die Hymnen genannt werden und meist sentimental oder wie Marschmusik klingen. Und dann fängt der Geistliche im Namen Gottes an, uns abgedroschene Phrasen in die Ohren zu blasen und sich endlos über die Meinung des Übels und die Förderung des Guten auszulassen. Die römisch-katholische Kirche hat erst kürzlich den schweren Fehler begangen, die Messe nur noch in der jeweiligen Landessprache abhalten zu lassen, damit sie jeder „verstehen" könne. Um das Maß vollzumachen, hat sie auch noch jemanden neben den Altar gestellt, der „erklärt", was gerade geschieht, so daß die Christenheit ihres letzten großen Mysteriums beraubt ist. Wer es wiederfinden will, muß so herzerfrischende Orte wie die russisch-orthodoxe Kirche in Paris aufsuchen, wo es keine Kirchenbänke gibt und die Messe auf Alt-slawisch zelebriert wird, das niemand versteht. Mit dem mittelalterlichen Latein der Römischen Kirche war es ähnlich. Selbst jemandem, der ziemlich gut Latein konnte, war das gesungene oder gemurmelte Lateinisch unverständlich.

Warum sollte aber ein Gottesdienst unverständlich sein? Weil er die

Funktion hat, um Keats zu zitieren, ,,uns aus den Banden des Denkens zu reißen, wie es die Ewigkeit tut''. Viele Leute kommen leichter zur Kontemplation Gottes, des Daseinsgrundes, wenn sie sich in reine Klänge versenken. Deshalb summen auch Hindus und Buddhisten solche im Grunde bedeutungslosen Mantras wie OM AH HUM. Christen könnten das genausogut mit AMEN, JESUS, ADONAI, HALLELUJA oder KYRIE ELEISON machen. Um sich mit Hilfe von Klang mystisch zu versenken, muß man sich einfach vom Klang aufsaugen lassen und alles vergessen, was er angeblich bedeuten soll, denn erklärende Worte werden zu abstrakten Zeichen und Symbolen, die auf etwas anderes als sich selbst hinweisen und einen Schritt von der Wirklichkeit abweichen. Gottesdienste sollten also auf Meditation und Kontemplation gegründet sein unter Beibehaltung von Gesang und angemessener Musik; nur die Orgel ist meines Erachtens zu sehr mit frommer Rührseligkeit verknüpft und dürfte ausgedient haben.

Der nächste Schritt wäre der, die Bänke aus den Kirchen zu räumen, nur ein paar Stühle für alte Leute und Behinderte entlang der Wände stehenzulassen und ansonsten den Boden mit Teppichen und Polstern zu belegen. Die Geistlichen sollten nicht länger dazu genötigt sein, über ihrer normalen Straßenkleidung oder der Soutane ein Meßgewand zu tragen, sondern sie sollten lediglich weiße oder farbige Mäntel mit Kapuzen anlegen, ähnlich den klassischen griechischen Gewändern. Und keiner dürfte länger als zehn Minuten predigen. Natürlich brauchte auch niemand mehr mit jenem höchsten Symbol verknöcherter Selbstgerechtigkeit herumzulaufen, der unbequemen, wagenradartigen gestärkten Halskrause. Nichts spricht dagegen, die Messe in solchen Kirchen abzuhalten und dabei mehr Wert auf die Atmosphäre und die Einstimmung zum Gebet zu legen als auf die dialektische Aussage — sie also auf Lateinisch, Griechisch, Altslawisch, Sanskrit oder Hebräisch zu zelebrieren. Ich selbst habe eine Messe namens *Missa Glossolalia* gestaltet, die Messe der tausend Zungen. Ich vollziehe die ganze traditionelle Handlung der Messe, überlasse jedoch das, was ich in irgendeiner Sprache oder Nicht-Sprache singen will, dem Heiligen Geist und brauche daher kein Buch.

Die folgenden Reformen dürften noch weniger die Zustimmung konservativer Kirchenleute finden. Ich meine, wir sollten die Bittgebete abschaffen. Vielleicht richten wir lieber unsere geistigen Energien als Gemeindemitglieder auf die unter uns, die in Not sind. Wenn Gott gütig, allmächtig und allwissend ist, ist es eine regelrechte Unverschämtheit, ihn auf einen kranken Verwandten aufmerksam zu machen, ja sogar krasser Unglauben — denn falls so ein Gott tatsächlich existiert, sorgt er viel besser für deine krebskranke Tante Erna als du oder ihre Ärzte. Nach meiner Theologie ist Tante Erna, wie jeder andere Mensch auch, Gott, der in verschiedenen Rollen mit sich selbst Versteck spielt und sich ein so günstiges Versteck gesucht hat, daß Tante Erna sich nur noch einen Ruck zu geben braucht, um zu entdecken, wer und was sie wirklich ist.

Was die christlichen Theologen noch nicht gemerkt haben: Der Geist oder das *Pneuma* des Menschen ist der Seele, der Psyche oder dem *Nephesh* weit überlegen, er ist nichts anderes als der *Ruach Adonai*, die eine unteilbare göttliche Energie. Ein Mensch wie Jesus hat sicherlich bewußt und unaufhörlich aus dem *Ruach Adonai* gelebt, nicht aus dem *Nephesh* oder Ego. So sagt Koheleth, der Prediger Salomo, daß der Körper nach dem Tode wieder zu Staub werde und der Geist des Menschen aufwärts fahre zu Gott, daher er gekommen ist. Gebete um dieses oder jenes halten Gott auf Distanz, und dabei ist er dir doch näher, als du dir selbst bist, wie ein großer Theologe gesagt hat. Sie lenken auch von den vielen Arten der Meditation und Kontemplation ab, die uns zur mystischen Erfahrung oder unmittelbaren Erkenntnis unserer Einheit mit Gott führen. Daß diese Erkenntnis durch endloses Geschwätz ersetzt wird, ist der Grund dafür, warum die Kirche keine spirituelle Kraft hat, wenn man von ein paar schweigenden Mönchen unter den Trappisten und Karthäusern absieht, und selbst deren Kraft ist saftlos, weil sie sich die sexuelle Vereinigung versagen, durch die Körper und Geist erneuert werden.

Noch eine weitere notwendige Reform werden die Unentwegten schwerlich akzeptieren, nämlich daß die Kirche von ihrem Seelenimperialismus und ihrem Bekehrungseifer abläßt. Sie muß ihren stolzen, durch nichts begründeten Anspruch, als *Top*-Religion zu gelten, ebenso aufgeben wie die Unverfrorenheit, mit der sie Missionare aussendet, die die sogenannten Heiden überreden sollen, den christlichen Glauben an die Stelle ihrer Religionen zu stellen, von denen die Missionare so gut wie nichts wissen. Die Missionare haben viel dazu beigetragen, die Kulturen von Hawaii und Polynesien zu zerstören; in Südafrika arbeiten sie dem barbarischen Apartheid-System in die Hände; sie haben mit Erfolg die Kultur der Inkas, Mayas und Azteken ausgerottet; es waren Missionsschulen, in denen ein Großteil der Führer der kommunistischen Revolution Chinas ausgebildet wurden. Unter dem Schutz Lord Macaulays wäre es ihnen fast gelungen, selbst die Kultur Indiens zu vernichten. Abgesehen von einigen wenigen, die sich strikt an medizinische Aufgaben hielten, haben die Missionare insgesamt unsagbaren Schaden angerichtet, und ihr Vorhaben, die Menschheit zu Christus zu führen, ist in großem Stil gescheitert. Jetzt kann man der Kirche nur noch sagen: ,,Einpacken oder Maul halten.''

Sie kann soviel von den sogenannten Heiden lernen. Vor kurzem hat ein Benediktinermönch über christlichen Yoga geschrieben, und einer seiner Mitbrüder sowie auch ein Jesuit über christlichen Zen. Die ,,Heiden'' können uns eine Menge hervorragender meditativer Übungen und fröhlicher Tänze beibringen — denn nur das Fehlen solcher Aktivitäten macht viele unserer Kirchen zu grimmigen Gerichtshöfen, in denen der Oberste Richter voll Demut umschmeichelt werden muß, um sich gnädig zu erzeigen. Trotz alledem dienen der Kirche immer noch hochintelligente Menschen guten Willens, und immer noch gehören ihr enorme Besitztümer — Kirchen, Gemeindehäuser, Schulen, Klöster und Heime. Wenn meine Reformvorschläge Gehör fänden, das Werben um gläubige Schäflein aufhören würde und die Geistlichen nicht mehr die Moralapostel spielten, möchte ich wetten, daß plötzlich Tausende von jungen Leuten wieder in die Kirchen drängen, vielleicht sogar Eintrittsgeld bezahlen würden — nicht um einer lästigen Pflicht nachzukommen, sondern weil sie sich von etwas angezogen fühlten, was die Kirche ihnen dann anbieten könnte: spirituelle und mystische Erfahrung.

Aus Gründen, die mir nicht recht klar sind, haben die meisten Geistlichen Angst vor dieser Dimension des spirituellen Lebens. Sie meinen, dergleichen führe lediglich zu privaten religiösen Phantastereien, von denen ungewiß bleibe, wie weit sie mit den Maßstäben der gültigen Doktrin und den Traditionen der allumfassenden Kirche vereinbar seien. Dabei merken sie gar nicht, daß das Festhalten an solchen Normen selbst Anschauungssache und ihr ganz privates Vergnügen ist. Sie gleichen den geschwätzigen Affen in Kiplings *Dschungelbuch*, die immer zusammenkommen und schreien: ,,Wir alle sagen es, also *muß* es wahr sein!'' Ich habe oft erlebt, daß man inmitten einer größeren Versammlung von Leuten, die Anhänger derselben Sache sind — zum Beispiel der Numerologie, Ufologie oder Präastronautik — durch die allgemeine Übereinstimmung in seinem eigenen gesunden Urteilsvermögen wankend gemacht wird.

Es kommt also praktisch darauf an, genügend Geistliche zu finden, die ihrer Grundeinstellung nach dazu fähig sind, Gottesdienste in der Art abzuhalten, wie ich sie hier andeutungsweise beschrieben habe. Außerdem müssen wir viele der Absonderlichkeiten des Christentums, die nie zufriedenstellend erklärt werden können und nur endloses Gerede heraufbeschwören, einfach beiseite lassen — die Erbsünde, die Unbefleckte Empfängnis, die Jungfrauengeburt, Jesu Kreuzestod zur Vergebung der Sünden, seine Auferstehung von den Toten, seine leibliche Himmelfahrt und unsere eigene Auferstehung am Morgen des Jüngsten Gerichts, durch die wir mit Körper und Geist entweder der ewigen Glückseligkeit oder den ewigen Höllenqualen überantwortet werden. Diese Archetypen mögen für einen Studenten der Mythologie hochinteressant ein, man wird auch niemals einen schlüssigen Beweis dafür erbringen können, daß sie falsch sind: Wer sie für wahr hält, wird sich durch nichts vom Gegenteil überzeugen lassen. Aber sie bleiben unverständlich, sinnlos und völlig weltfremd. Selbst für Leute, die den kontemplativen Weg gehen, haben sie keine Bedeutung — zumindest nicht in der heutigen Zeit. Man braucht nicht gegen sie zu anzukämpfen, es genügt, sie einfach fallenzulassen.

Ich glaube, abgesehen von einigen hundertfünfzigprozentigen Protestanten, wären viele Geistliche fast aller Bekenntnisse mit Freude und Eifer dazu bereit, uns in diese neue, alte Religion zu führen — weg von „O Jesulein süß" und den Predigten über Belanglosigkeiten. Eine relativ kurze Ausbildung könnte ihnen das nötige Rüstzeug geben, alles übrige würden sie mit der Zeit von selbst lernen. Aber sie kämen endlich zu einer echten Religion und brauchten die Rede- und Singfeste nicht mehr, bei denen jeder seine unbequemen Kleider trägt, sich vor den Mitmenschen ernst und würdig erweist und von einem Platzanweiser zu seinem Stuhl geleitet wird. Mag sein, daß veraltete Institutionen irgendwann von selber zusammenbrechen, daß man „keinen neuen Wein in alte Schläuche füllen" soll und daß neue Einrichtungen wie beispielsweise *Growth*-Zentren an Stelle der alten treten können. Vielleicht bin ich zu optimistisch, aber ich glaube, ich kann der Kirche eine brauchbare Lösung zeigen.

1. September 1970

RIECHST DU?

Die Frage erscheint unhöflich, und doch ist sie es ebensowenig, als wenn ich frage: Siehst du? Hörst du? Fühlst du? Schmeckst du? Wir bewundern etwas, weil es „geschmackvoll" ist — warum nicht auch, weil es „geruchvoll" ist? Oberflächlich betrachtet, scheint das nur ein rein sprachliches Problem zu sein. Man müßte das Wort „riechen" neu definieren als „das, was man mit dem Sinnesorgan Nase tut", und „Geruch" sollte desgleichen nur die *Wahrnehmung* eines Geruchs bezeichnen. Hingegen sollte man die Wahrnehmung eines unangenehmen Geruchs nur „Gestank" nennen, keinesfalls „Geruch", denn dieses Wort wäre ebenso neutral wie der „Klang".

Wir haben verschiedene Substantive für angenehme Gerüche — Duft, Parfüm, Aroma usw. Aber die englische Sprache hat zum Beispiel kein Verb, das die entgegengesetzte Bedeutung von „stinken" hätte wie das deutsche Verb „duften", und weder Englisch noch Deutsch kennen ein Verb, das die *Wahrnehmung* eines angenehmen Geruchs bezeichnet wie das japanische *kaori*. Wir haben auch nur sehr wenige Adjektive, die sich auf den Geruch beziehen — scharf, beißend, herb, süß, faulig, würzig — und all diese stammen aus anderen sprachlichen Bereichen, denen des Sehens, Schmeckens oder Fühlens. „Stinkend" und „übelriechend" sind lediglich von Verben abgeleitete Adjektive, und „moschusartig", „blumig", „fischig" und „rauchig" sind von den entsprechenden Substantiven abgeleitet. Ich würde ganz gern etwa das Wort „tuffig" einführen für alle Geruchseigenschaften, mit denen man etwas Staubiges assoziiert — Tafelkreide, Gesichtspuder, Rauchpartikel, Straßenstaub usw.

Es gibt kein besonderes Spektrum für Gerüche, wie wir es für Licht haben, auch keine Tonleitern oder *Ragas* wie für Klang. Man sieht sich ehrlich und interessiert ins Gesicht und lauscht den Worten des anderen mit gespannter Aufmerksamkeit. Vielleicht trinke ich deinen Wein mit offenkundigen Genuß und ergreife bei einem Wiedersehen deine Hand. Es ist sogar Mode geworden, daß auch junge Männer sich umarmen. Aber sich die Freiheit zu nehmen, eine andere Person, die nicht die oder der eigene

Liebste ist, zu beschnüffeln, überschreitet die Grenzen des Erlaubten und erinnert uns an Hunde, die sich gegenseitig das Hinterteil beschnuppern. Frauen dürfen nach Parfüm und Männer nach Rasierwasser duften, doch darüber hinaus hat man überhaupt nicht zu riechen, ausgenommen vielleicht nach Desinfektionsmitteln. Trotzdem wird ein kunstfertiger Parfümeur den Eigenduft eines Frauenkörpers mit äußerster Sorgfalt studieren, um ihn dann mit einem erlesenen Parfüm zu akzentuieren. Die meisten Leute ziehen jedoch anonyme Geruchlosigkeit vor. Manche mögen zwar Rosen-, Hyazinthen- oder andere Düfte in ihrer Wohnung, aber im großen und ganzen legt man Wert auf neutrale Duftlosigkeit in Wohnungen und Büros. Wie G. K. Chesterton gesagt hat:

> Wo haben sie die Nasen bloß?
> Das weiß der liebe Himmel —
> der Mensch ist nasenlos.

Das heißt nichts anderes, als daß der Geruchssinn unterdrückt und verdrängt wird. Er ist immer da, wird aber offiziell ignoriert, wie Vorahnungen und andere parapsychologische Phänomene von bestimmten Wissenschaftlern offiziell ignoriert werden. Freud hat uns zu Recht darauf hingewiesen, daß verdrängte Kräfte und Energien erstaunliche Wirkungen haben können, allerdings nicht immer zum Guten. Wie jeder weiß, übersehen oder verdrängen wir vieles von dem, was uns dicht vor Augen liegt oder laut und deutlich zu hören ist. Ich kannte einen Erzbischof mit einer prächtigen Stimme, aber ich kann mich an kein einziges Wort aus seinem Munde erinnern, und ich hatte lange Gespräche mit Frauen, ohne daß ich die geringste Ahnung hätte, wie sie gekleidet waren.

Wenn aber ein ganzer Sinn bewußt unterdrückt wird, entfaltet er sich unbewußt um so mehr — als Sinn des „Unterbewußtseins" —, und so kommt es, daß wir anscheinend grundlos jemanden nicht „riechen können". Die Macht der Gerüche läßt sich unter anderm daran ablesen, wie intensiv sie Erinnerungen und Stimmungen wieder aufleben lassen. Wir sind der Ansicht, daß gepflegte Europäer infolge des freizügigen Gebrauchs von Wasser und Seife keinen unangenehmen Geruch ausströmen. Aber ein Fleischesser kann sich waschen, soviel er will, für die Nase eines Vegetariers stinkt er doch; und der Seifenduft eines sauberen Engländers wirkt wie Gestank auf einen Hottentotten, der sich, wer hätte das gedacht, in Gesellschaft seiner eigenen Leute wohl fühlt, die ihr Haar mit ranziger Butter behandeln. Andererseits steckten feine Leute in den Städten des alten Europas ihre Nasen in kleine Sträußchen von stark duftenden Blumen, weil nämlich die Abwässer in offenen Rinnsteinen die Straßen entlangflossen. In Japan sah die Sache schon besser aus, dort wurden die Exkremente der Einwohner in sogenannten ,,Honig-Karren'' gesammelt und in die Jauchegruben der Bauern entleert, von wo sie nach genügender Reife auf die Felder gebracht wurden.

Man sagt zwar, Weihrauch hätte bei religiösen Veranstaltungen dazu gedient, den allgemeinen Gestank der ungewaschenen Gemeinde zu überdecken, aber es ist auch schon lange bekannt, daß bestimmte Düfte starken Einfluß auf die Stimmung haben, daß Räucherwerk aus Kiefern-, Zedern- oder Aloeholz Erinnerungen an hohe, einsame Wälder weckt, an Gegenden, die der stillen Kontemplation besonders förderlich sind. Sandelholz, der in Asien gebräuchlichste Grundstoff für Räucherwerk, ist eine Spur erotischer, wenn auch immer noch waldwürzig — es läßt eher tropische als Gebirgswälder vor dem inneren Auge erstehen. Noch andere Duftsubstanzen finden Verwendung — Moschus, Jasmin, Rosenöl, Veilchen oder Lavendel, aber sie sind eigentlich besser für ein Boudoir geeignet als für Tempel. In den Tempeln des Mittleren Ostens und im Westen wird vorwiegend Weihrauch verwendet, ein aromatisches Harz, das von verschiedenen asiatischen und afrikanischen Bäumen der Gattung *Boswellia* stammt. Sein Duft ist charakteristisch für die katholische Kirche. Vorsicht ist geboten bei Räucherzeug in Form von schwarzen oder dunkelvioletten Stäben, Würfeln oder Hütchen, denn sie duften oft nach schlechtem, widerlich süßem Parfüm oder Seife. Aber nicht jedes schwarze oder dunkelviolette Räucherwerk ist von dieser üblen Art, manchmal hat auch das allerbeste eben diese Farben. Meines Wissens wird in den Vereinigten Staaten kein gutes Räucherwerk hergestellt, außer den bräunlichen, nach Wacholder oder Kiefern duftenden Hütchen aus New Mexico und Vermont. Man sollte immer erst eine Probe machen, bevor man kauft, und daran denken, daß gutes Räucherwerk beim Glühen etwa den gleichen Duft verströmen muß wie vor dem Anzünden.

Räucherwerk gibt es für gewöhnlich in Stab- und Hütchenform und als

Pulver oder Granulat. Gelegentlich kann man auch Sandelholzspäne bekommen. Das Räucherstäbchen erfüllt verschiedene Funktionen: Es verzehrt sich von selbst, und der glühende Lichtpunkt an der Spitze dient beim Yoga oft als Konzentrationspunkt, während das Herunterbrennen die Zeitdauer bemißt — insbesondere für die Dauer einer Meditationssitzung. Pulveriges, körniges oder stückiges Räucherwerk wird meist auf Holzkohle verbrannt — entweder auf gewöhnlichen Holzkohlestücken oder besser auf speziellen Plättchen, die mit Salpeter getränkt sind und nicht ausgehen; man bekommt sie in Läden für religiöse Artikel, die auch Devotionalien oder *Bondieuserie* genannt werden. Orthodoxe Katholiken in Ost und West entzünden solche Holzkohleplättchen in Weihrauchfäßchen, messingnen oder silbernen, an Ketten hängenden Gefäßen mit durchbrochenem Deckel. Sie werden vom Geistlichen feierlich in Richtung Altar oder Gemeinde geschwenkt, und mit der Besorgung der Gefäße ist ein besonderer Meßdiener betraut. Die Räuchergefäße von Hindus und Buddhisten sind ähnliche Messingbecken mit durchlässigen Deckeln, aber sie haben einen hölzernen Griff wie eine Pfanne anstelle der Ketten. Außerdem benutzen die Buddhisten verschiedengeformte *koro*, einfache Gefäße aus Bronze, Emaille, Messing oder Ton mit einer Füllung aus Sand und Asche, der Basis für Räucherstäbchen oder Holzkohle. Ich habe einmal gesehen, daß fortglimmendes Räucherpulver auf dem glatten Sand eines *koro* zu einem verschlungenen Ornament ausgelegt war, das sich bei näherem Hinsehen als esoterisches buddhistisches Symbol erwies. Das war im Jodo-in, einem Tempel auf dem Berg Hiei oberhalb von Kyoto, der so alt, abgelegen und friedvoll ist, daß ich ihn den „Schrein am Ende der Welt" getauft habe.

Zen-Buddhisten nehmen normalerweise *jinko*, Aloe- oder Paradiesholz — einen von Krankheit befallenen Teil des Baumes, der hart und knotig geworden ist; dieses Holz ist relativ teuer. Man verbrennt es besser nicht direkt auf der Holzkohle, sondern legt es auf ein Stückchen Folie oder ein kleines Keramikplättchen von der Größe eines Markstücks. Aus China und Indochina kommt ein recht brauchbarer Trivial-Räucherstoff, der Insekten vertreibt und in seinem Duft an rauchende Laubhaufen erinnert, wie man sie an Herbstnachmittagen überall riechen kann. Dieses Räucherzeug gibt es in Form von langen, dicken braunen Stäben oder als grüne Spirale. Die amerikanischen Indianer verwenden gern frische Zedern-

oder Wacholdernadeln, die sie auf die heiße Glutasche eines Zeremonialfeuers werfen, wie es für das Peyote-Ritual entfacht wird. Der *Cedar Man* sitzt dabei zur Linken des *Road Man* oder Führers und trägt die ganze Nacht Sorge, daß das Tipi voller Duft bleibt.

Nun wird ja niemand behaupten können, daß Räucherwerk stinkt, bis auf die wenigen Sorten, vor denen ich gewarnt habe. Warum brennen dann die Protestanten bei ihren religiösen Feiern keins, und warum erfreut sich kaum jemand zu Hause daran? Katholiken sagen von Leuten, die keinen Weihrauch mögen, sie hätten ,,Protestantennasen''. Ist es denn Geldverschwendung? Bestimmt nicht mehr als bunte, bleiverglaste Fenster, Talare, Orgeln, Kanzeln und Altarblumen. Ist es gegen die Bibel? Wohl kaum, denn das Alte Testament ist voll von Angaben über den richtigen Gebrauch von Räucherwerk und warnt lediglich davor, Räucheropfer als Ersatz für das Gebet zu betrachten. Hat es etwas mit Pfaffentum zu tun? Auch nicht mehr als Chorhemden, das Niederknien zum Gebet, das Kreuz oder die Kerzenleuchter auf dem Altar. Ist Räucherduft zu Hause etwa ein geheimes Zeichen dafür, daß du ein Homosexueller bist? Daß ich nicht lache!

Der erste Grund für unsere Duftablehnung ist, wie schon erwähnt, die generelle Unterdrückung unseres Geruchssinns, die vielleicht eine Art Vorbereitung sein soll auf ein Leben in einer Atmosphäre, in der wir kaum noch zu atmen wagen. Der zweite ist der, daß Räucherwerk angeblich unserer Kultur fremd ist — wie der Genuß von Seetang, rohem Fleisch, Schnecken, Kraken, Wasserkastanien, Lotuswurzeln, Bambussprossen und Möweneiern, alles Freuden, die wir uns in unseliger Unwissenheit entgehen lassen.

Der dritte hat noch tiefere Wurzeln: Mit den Wogen von Räucherdüften gehen sowohl die Religion wie auch der Sex ,,unter die Haut'' und erreichen die nichtsprachliche, ekstatische Ebene, jenen Punkt, an dem man versucht ist, loszulassen und sich selbst zu verlieren; aber diejenigen unter den Christen und Juden, die fester an den Teufel als an Gott glauben, haben immer Angst, daß sie in einem solchen gelösten Zustand zuerst vom Teufel übermannt werden könnten, und übersehen völlig, daß das Nicht-Loslassen bereits das erste Werk des Teufels ist. Denn die normale Selbstkontrolle ist nichts anderes als die Herrschaft des selbstischen Ich über unser Verhalten: Sie resultiert in vorgetäuschter, gezwungener, pflichtschuldiger Liebe, in geheuchelter Gerechtigkeit, in Keuschheit, die sich in Quälerei verkehrt, in religiösen Idealen, die in ihrer Hochgestochenheit das Ego aufblasen, in ausgiebigen Sündenbekenntnissen, durch die man den einfachen Menschen immer eine Nasenlänge voraus ist, und in Wohltätigkeit, die bei denen, über die sie sich ergießt, nichts als einen unangenehmen Nachgeschmack hinterläßt.

Jahrelang habe ich versucht, dieser humorlosen, inhumanen, selbstischen Selbstverleugnung entgegenzuwirken und ihre ebenso ausgeklügelten wie zerstörerischen Methoden allmählich durch die entspanntere, humorvollere, heitere Spiritualität Asiens zu ersetzen. Räucherwerk für jedermann ist nur ein Meilenstein auf diesem Weg.

10. September 1970

TANTRA

Du selbst bist die Urenergie, deren Erscheinungsform dieses Universum ist. Nicht, daß du in diese Welt hineingekommen wärst — du bist aus ihr hervorgekommen, wie eine Welle aus dem Meer. Du bist kein Fremder hier. Im Gegenteil, alles, was dir geschieht und was du erlebst, ist dein Karma und entspringt deinem eigenen Handeln. Das ist, wie unterschiedlich sie auch zum Ausdruck kommen mag, die zentrale Philosophie sowohl des Hinduismus als auch des Buddhismus, deren Ursprung in der Kultur des alten Indien zu suchen ist.

Dieses ,,du selbst'' ist ganz offenkundig nicht die flüchtige Persönlichkeit, das Ich, das sich Meier oder Schmidt nennt und das sich in keiner Weise dafür verantwortlich fühlt, daß sein Bart wächst oder sein Herz schlägt, noch viel weniger allerdings dafür, daß der Wind weht oder die Sterne leuchten. Die hinduistischen und buddhistischen *Sadhanas* (geistigen Disziplinen) wecken die in uns schlummernde Erkenntnis unserer selbst, so daß wir dieses Selbst als einen Vorgang begreifen lernen, der bei weitem alles übertrifft, was wir für gewöhnlich als ,,Ich'' empfinden — jenes sehr begrenzte Zentrum bewußter Wahrnehmung und Willensäußerung, das wir als Person oder Selbstbewußtsein bezeichnen.

Wie bei eingehender Betrachtung — beispielsweise, wenn wir eine schöne Frau ansehen — unsere Aufmerksamkeit von bestimmten Details gefesselt wird, so wird die Urenergie dieses Universums von bestimmten Situationen und Mustern angezogen und identifiziert sich mit jedem einzelnen ,,Ich'' — sei es nun menschlich, tierisch oder pflanzlich. Und jedesmal, wenn sie das tut, vergißt sie zeitweilig, daß sie ja *alles*, was ist, selbst ist, das *Dasein*, über dessen ,,Da'' hinaus es kein Sein gibt, für immer und ewig.

Also ist jedes Individuum gewissermaßen Gott, der sich verkleidet und mit sich selbst Versteck spielt bis ans Ende der Zeiten. „Gott" ist nach hinduistischer Auffassung kein allumfassender Herrscher oder Statthalter wie in der jüdischen und christlichen Theologie, sondern eher der eine Schauspieler und Akteur der Welt, der alle Rollen des Lebens so schnell und konzentriert spielt, daß er sich selbst dabei vergißt und sich mit jeder Maske neu identifiziert. Jede Rolle, die er annimmt, ist gleichzeitig das Publikum für alle anderen, und das Schauspiel schlägt die Zuschauer so in seinen Bann, daß sie es für Wirklichkeit halten.

Die indische Philosophie kennt grundsätzlich zwei Wege, wie man sich von diesem Bann befreien und dadurch seine ursprüngliche Identität wiederfinden kann, die Quelle oder den Urgrund des Universums:

Der erste und vielbegangene besteht im Verzicht auf Lust, in Entsagung und Askese, mit deren Hilfe die Anziehungskraft einzelner Lebensformen aufgehoben wird. Der sich selbst marternde Fakir auf seinem Nagelbrett versucht einen Zustand zu erreichen, in dem ihn nichts, rein gar nichts im Leben erschüttern kann. Er findet zu seiner Mitte zurück, indem er das Schmerzempfinden bis in die tiefsten Tiefen ergründet und endlich die Angst vor Leiden oder Tod überwindet.

Der zweite, weniger bekannte Weg — das Tantra — ist genau das Gegenteil: nicht das Zurückziehen vom Leben, sondern die volle Bejahung der eigenen Triebe, Wünsche und Gefühle, der menschlichen Bedingtheit. Wenn du die Gottheit, das allumfassende Selbst bist, das von seinem Dasein als Schmidt oder Meier völlig gefangengenommen ist, dann *sei* auch diese Figur und *spiel* die Rolle voll und ganz. Gib dich mit Haut und Haar dem Bann der Begierde, der Lust und Liebe hin. Akzeptiere freudig und vorbehaltslos das Ego, das du dem Schein nach bist.

Wer dem Tantra folgt, stürzt sich in alle Freuden, denen der Asket entsagt: Sexualität, Essen und Trinken, kurz alle Genüsse, die das Leben bietet. Aber er tut es nicht so halbherzig und ängstlich wie der gewöhnliche Vergnügungssüchtige. Er überläßt sich der Lust und Unlust normalen sinnlichen Erlebens mit gesammelter Konzentration auf die feinsten Gefühlsschwingungen und übt sich darin, mit diesen Empfindungen zu spielen, wie jemand seinen Atem auf einer Flöte spielen läßt.

Die intensiven sinnlichen Erfahrungen, die er macht, entdecken ihm zweierlei: Erstens, daß Dasein oder Energie im Grunde nur ein Wechselspiel oder eine Schwingung von *auf* und *ab*, *ja* und *nein*, *Sichtbarem* und

Unsichtbarem ist, die ein unendliches Spektrum von Möglichkeiten umfaßt, wie alle Zahlen allein durch die Symbole 0 und 1 gegeben sind. Ihm wird klar, daß das im „Ja" oder „Auf" bestehende Element der Energie nur im Kontrast zum „Nein" oder „Ab" erlebt werden kann, so daß Dunkelheit und Tod nicht bloß das Fehlen von Licht und Leben sind, sondern vielmehr deren Ursprung. Durch diese Erkenntnis verliert er die Furcht vor Tod und Nichtsein.

An dieser überraschender Erkenntnis, die unserm eingefahrenen Denken so fremd ist, liegt es auch, daß der Tantriker die Gottheit lieber in ihrer weiblichen als in ihrer männlichen Form verehrt — denn das Weibliche ist die symbolische Verkörperung des negativen, dunklen, leeren Aspekts der Welt, ohne den der männliche positive, helle und volle Aspekt keine Gestalt annehmen oder sichtbar werden kann. Das Wort „Tantra" hat eine innere Verbindung zur Webkunst und bezeichnet die gegenseitige Abhängigkeit von Kette und Schuß in einem gewebten Stoff: Das eine gibt ohne das andere keinen Zusammenhalt.

Die zweite Entdeckung, die der Tantriker macht, ist die, daß das Dasein im Grunde eine Art Tanz oder Musik ist — ein ungeheuer komplexes Energiemuster, das so ist, wie es ist, und darüber hinaus keiner Erklärung bedarf — wie ja auch niemand nach dem Zweck von Bachs Fugen oder Mozarts Sonaten fragen würde. Wir tanzen nicht, um einen bestimmten Ort auf der Tanzfläche zu erreichen, sondern einfach um des Tanzes willen. Energie ist, wie William Blake einmal gesagt hat, unaufhörliches Entzücken — und alles Lebendige muß in dem Bewußtsein leben, ein gebanntes Mitschwingen in einem rhythmischen Ornament zu sein.

Die Malerei, Bildhauerei und rituelle Kunst des Tantra behandelt vorwiegend Themen, die die tantrische Sicht der Welt veranschaulichen. Sie zeigt männliche und weibliche Gottheiten in meditativer sexueller Vereinigung, einer im andern seinen Ursprung verehrend. Sie stellt Götter und Göttinnen als vielköpfige oder vielarmige Wesen dar, als eine Art kosmischen Tausendfüßler, wobei jedes Individuum ein Glied des zentralen, ewigen Selbst bildet. Bedeutungslose Silben fügen sich zu Mustern oder Gesängen (Mantras) zusammen, die einem helfen sollen, zur Erkenntnis des im wesentlichen melodischen, tänzerischen Geists des Universums zu kommen.

Wer ein wenig vom Tantra versteht, besitzt ein wunderbares, willkommenes Korrektiv für gewisse Exzesse der westlichen Zivilisation. Wir neigen zu einer Überbetonung des Positiven und halten das Negative für ,,schlecht'', und deshalb leben wir in verzweifelter Angst vor Tod und Auflösung und sind unfähig, das Leben gelassen und heiter als ,,Spiel'' zu betrachten. Weil wir die Melodik der Natur in ihrer ewigen Gegenwart nicht begreifen, leben wir für ein Morgen, das niemals kommt — wie ein Orchester, das sich beeilt, zum Finale zu kommen. Erst wenn wir die schöpferische Energie des Weiblichen, des Negativen, des leeren Raums und des Todes verstehen, sind wir vielleicht in der Gegenwart wirklich lebendig.

10. April 1968

DIE KUNST DER KONTEMPLATION

Das Individuum ist eine Öffnung, durch die sich die gesamte Energie des Universums ihrer selbst bewußt wird, ein Strudel aus Schwingungen, in dem sie als Mensch oder Tier, Blume oder Stern Gestalt annimmt — nicht für sich, sondern als Mittelpunkt alles dessen, von dem sie umgeben ist. Ein solches Zentrum ist nicht, wie es scheinen möchte, von seiner Umgebung getrennt, sondern steht in einer Wechselbeziehung mit ihr, in gleicher Weise, wie Mittelpunkt und Peripherie eines Kreises oder die Pole eines Magneten in einer Wechselbeziehung zueinander stehen. Deshalb umfaßt jedes Zentrum, wo immer es auch sei, gleichermaßen alle anderen Zentren an jedem beliebigen Punkt. Folglich ist das Individuum auch nicht ein Mittelpunkt, sondern darüber hinaus das ganze Umfeld, das sich zu dieser Zeit und auf diesen Ort konzentriert, weshalb Astrologen stets versuchen, aus der Konstellation des umgebenden Universums Aufschlüsse über den Charakter des Individuums zu gewinnen; aber es bleibt zweifelhaft, ob sie die Zeichen richtig zu deuten verstehen.

Das ganze System ist im Prinzip symbolisch, denn selbst für den kürzesten Zeitraum kann ein Individuum nur in wechselseitiger Abhängigkeit vom Ganzen bestehen. In der recht unbeholfenen Sprache der Substantive und Verben, die willkürlich Dinge von Ereignissen unterscheidet, könnte man vielleicht sagen, daß das Individuum etwas ist, das vom Ganzen getan wird. Diese Beziehung wird normalerweise nicht gespürt oder wahrgenommen vom menschlichen Bewußtsein, das von der scheinbaren Unabhängigkeit des Individuums vom Ganzen beeindruckt ist — und zugleich Angst davor hat. Das Individuum fühlt sich auf den Bereich, der seinem Willen untersteht, eingegrenzt; alles übrige kommt ihm wie ein unabhängiges, unkontrolliertes Geschehen vor, das von etwas *völlig anderem* als ihm selbst in Gang gesetzt wird. Es erkennt nicht, daß das Handeln nur in seiner Beziehung zum Geschehen erfahrbar ist oder das Selbst (der Mittelpunkt) nur in Abhängigkeit vom anderen (der Umgebung), ebenso wie man keinen Schritt tun kann ohne Boden unter den Füßen. Und so ist man selbst jenes *völlig andere*, denn zwischen dem Selbst und dem anderen, dem Handeln und Geschehen besteht die gleiche Art Einheit wie zwischen den beiden Polen eines Magneten oder zwischen Wellenkamm und Wellental.

Im Ganzen scheint das System aus inmitten der Leere oder des Raums verteilten Körpern oder Energieformen zu bestehen. Das menschliche Bewußtsein befaßt sich in erster Linie mit diesen Erscheinungen, während es deren räumlichen Hintergrund weitgehend ignoriert. Wir betrachten den Raum als Nichts, als etwas, das weder wichtig noch bedeutungsvoll ist, und vergessen dabei, daß ohne dieses räumliche Umfeld keine der Erscheinungen sich manifestieren und unterschieden werden könnte. Und doch herrscht zwischen Raum und Erscheinung die gleiche polare Beziehung wie zwischen Wellenkamm und Wellental, so daß Nichtsein nicht einfach das Gegenteil oder Fehlen von Dasein ist, sondern vielmehr sein Grund und Ursprung. Wir glauben so fest an den Grundsatz *ex nihilo nihil fit* — „aus nichts wird nichts" —, daß es uns nahezu unmöglich ist, die Leere als unbedingte Voraussetzung für jede Daseinsform anzusehen, es sei denn, wir könnten davon ausgehen, daß der Raum eine Struktur hat, die sich unseren Sinnen verbirgt.

Nun gibt es tatsächlich solche Strukturen oder Prozesse, wie zum Beispiel kosmische Strahlung, die für die bloßen Sinne nicht in Erscheinung treten. Aber Wert und Kraft der Leere liegen, wie Laotse gesagt hat, gerade darin, daß sie ganz und gar leer ist. „Sein und Nichtsein bedingen einander im Wechsel." Die Augen vor der Einheit von Selbst und anderem verschließen ist Lebensangst, und die Einheit von Sein und Nichtsein nicht wahrhaben wollen ist Todesangst.

Wenn jemand die Reziprozität oder wechselseitige Abhängigkeit von polaren Gegensätzen begreift — von Sein und Nichtsein, Mittelpunkt und Umgebung, Selbst und anderem, Handeln und Geschehen —, könnte man sagen, er habe eine polare Sicht. Bis jetzt habe ich mich der trockenen Ausdrucksweise der Logik bedient, die zum besseren intellektuellen Verständnis der Zusammenhänge beiträgt. Aber wenn sich diese polare Sicht als unmittelbares Erlebnis und Gefühl mitteilt, wird sie zur mystischen Erfahrung, zum kosmischen Bewußtsein, und davon läßt sich besser auf dichterische und paradoxe Art reden. Mit der polaren Sicht geht das Gefühl einher, daß das, was einem geschieht, das eigene Handeln ist, und daß umgekehrt das eigene Handeln das ist, was einem geschieht, daß Tod und Leere der feste Grund sind, auf dem das Leben vor sich geht, und daß man selbst als Mittelpunkt und als Umgebung das ewige Universum ist. Aber diese Empfindung, diese Eingebung erscheint weder in Form von Worten oder Ideen noch als Ausgeburt der Phantasie oder Einbildungskraft. Vielmehr ist es einfach so, als wenn man blauen Himmel sieht oder fühlt, daß man lebendig ist.

Dieses Gefühl oder, genauer gesagt, das, woraus es entsteht, ist immer gegenwärtig. Nur sind wir in dieser Hinsicht mit Blindheit geschlagen, weil sich unser Bewußtsein von einem anderen, gegenläufigen Gefühl der Identität ablenken läßt, das sich fast alle denkenden Menschen von klein auf aneignen. Wir verwechseln allzuleicht Symbole und Zeichen mit dem, was sie bezeichnen, so zum Beispiel, wenn wir sagen: ,,Das *ist* ein Baum'' und doch das, worauf wir zeigen, etwas ganz anderes ist als der Wortklang ,,Baum''. In einem viel umfassenderen Sinne verwechseln wir das, was wir wirklich sind, nämlich zugleich Mittelpunkt und Peripherie, Organismus und Umwelt, mit einer Vorstellung oder einem gedanklichen Modell unserer selbst, dem die wechselseitige Abhängigkeit von Selbst und anderem fehlt. Diese Vorstellung nennen wir das ,,Ich'', das Ego, die Person oder das Subjekt (im Unterschied zum Objekt). Wir betrachten es als den Täter unserer Taten, den Denker unserer Gedanken und den Fühlenden unserer Gefühle. Wir machen uns ein Bild von uns, das aus drei Gründen falsch ist:

Erstens ist dieses Bild nur vorgestellt, ein Symbol, und hat darum ebensowenig Bezug zur Realität, wie das Wort ,,Wasser'' Durst zu löschen vermag. Zweitens ist es nichts weiter als eine traurige Karikatur unseres gesamten Organismus, denn es hat nichts mit den unterbewußten Vorgängen unseres Wesens zu tun. Drittens übergeht es völlig die polare Einheit von Organismus und Universum und ignoriert somit, daß beide ein einziger Prozeß sind.

Unter dem Eindruck, diese reine Abstraktion sei der vitale Kern und gestaltende Mittelpunkt unseres Wesens, versuchen wir, mit unserem Willen schwierige Situationen zu meistern oder Gefühle zu bezwingen. So spannen wir, wenn wir etwas genauestens betrachten oder angestrengt zuhören, die Muskeln unserer Augen- und Ohrenpartien an. Wenn wir in

Verlegenheit sind, kratzen wir uns am Kopf, und wenn wir mit gespannter Aufmerksamkeit bei der Sache sind, runzeln wir die Stirn. Wir beißen die Zähne zusammen, wenn wir Schmerzen aushalten müssen, ballen die Fäuste, um unsere Selbstbeherrschung zu bewahren, und wenn wir unsere Angst zu unterdrücken versuchen, krampft sich unser Magen zusammen. Das alles nützt nichts, es ist nichts weiter als ein Schlag ins Wasser. Aber wir können uns gar nicht mehr anders verhalten, wir haben uns daran gewöhnt und damit einen allgemeinen physischen Spannungszustand aufgebaut, der sich häufig auf den Bereich über und zwischen den Augen konzentriert und den wir als eine jedem zugängliche, spürbare Erfahrung mit dem Symbolwesen der Person oder des Ego identifizieren — eine seltsame Verbindung aus Krampf und Illusion.

Es ist unmöglich, die Frage, was überhaupt getan werden kann, um dieses falsche Identitätsgefühl auszuschalten und durch die polare Sicht und das kosmische Bewußtsein zu ersetzen, zu beantworten, solange man auf der begrifflichen Ebene der Fragestellung bleibt. Was zur Erfahrung des kosmischen Bewußtseins führt, ist bereits gegenwärtig, und alles, was darüber hinausgeht, stünde einem im Weg und wäre überflüssig — wie rote Tinte auf einer Rose. Für uns ergibt sich die einfache Notwendigkeit, einzusehen, daß unser gewöhnliches ,,Ich'' ein falsches, kraftloses Phantombild ist. Aber wie dieses Phantom nicht wirklich wollen oder handeln kann, so kann es sich auch nicht selbst loswerden. Weder die Anspannung noch die bewußte Entspannung der Muskeln, weder ein Hersagen von Formeln noch Autosuggestion, weder Übungen zur Anregung der Phantasie noch irgendein psychosomatisches Training richten etwas anderes aus, als dieses Phantom weiter zu bekräftigen. Denn jeder kleinste Versuch, etwas an der Art, wie man sich gerade fühlt, zu ändern oder auch nicht zu ändern, bringt wieder eine jener zwecklosen Muskelverkrampfungen mit sich, die der abstrakten Realität des ,,Ich'' Gestalt verleihen. (Das ist so, als wollte man ein Flugzeug zum Aufsteigen bewegen, indem man an seinen Sitzgurten zerrt.) Solange man sich für dieses ,,Ich'' hält, kommt man nicht zur polaren Sicht oder zum kosmischen Bewußtsein. Vielleicht erwacht es von selbst, wie durch göttliche Gnade, doch man selbst kann nichts, aber auch gar nichts tun oder unterlassen, um es herbeizuführen. Yogis und Zen-Anhänger erreichen diese Einsicht manchmal nach unentwegtem, entschlossenem Üben.

An diesem Punkt bleibt nichts anderes mehr zu tun, als alles von selbst geschehen zu lassen. Ansonsten gibt es nur das einfache Bewußtsein dessen, was vor sich geht: Bäume draußen, Straßengeräusche, Selbstgespräche in Gedanken — der übliche kosmische Jazz. Was da ist, ist da, und alles und jedes, einschließlich Gedächtnis und Erinnerung, ereignet sich hier und jetzt. Es kommt aus dem Nichts wie Klänge aus der Stille, denn es dürfte offenkundig sein, daß das Universum seinen Anfang immer im Jetzt hat und Spuren hinter sich zurückläßt wie eine Schreibfeder, obgleich auch die Schrift, die scheinbar vergangenes ausdrückt, immer nur hier und jetzt besteht.

Man selbst als „Ich" kann seine Gefühle sowenig ändern, wie man versuchen kann, sie nicht zu ändern. Es existiert einzig und allein das, was geschieht, und da sind all die besonderen Gedanken, Bilder und Spannungen einbegriffen, die gewohnheitsmäßig dem Phantom des „Denkenden" oder „Handelnden" zugeschrieben werden. Sie sind zwar so beharrlich wie Echos, aber wenn man merkt, daß sie nur im Nervensystem begründet sind und nicht aus einem zentralen Ego kommen, verlieren sie an Interesse, geben nach und weichen von alleine. Man soll auch nicht darauf *hoffen*, sie würden sich von selbst verlieren, das macht sie nur noch beständiger.

Wer all dies verstanden hat, nimmt einfach wahr, was im Augenblick geschieht, und diesen Zustand können wir als Meditation oder besser Kontemplation bezeichnen. Es ist jedoch nicht so, daß man selbst etwas ist, das gerade beobachtet, was passiert. „Was geschieht" bedient sich nur des Organismus, um sich zum Mittelpunkt eines bestimmten Wesens zu machen; man sollte sich aber nicht an diese Vorstellung klammern, wichtig ist nicht die Idee, sondern das Gefühl. Worte sind nicht mehr als eine besondere Art von Geräuschen in der Luft, Zeichen auf Papier oder Schwingungen im Gehirn.

Wenn das klar geworden ist, wird das Bemühen, das eigene Denken umzuwandeln, gegenstandslos und damit auch das ganze Trugbild, man sei ein gesondertes Bewußtseinszentrum, dem sich Erfahrungen mitteilen und für das diese Erfahrungen sich als problematisch erweisen. Dieses Losgelöstsein würde dann zum kontemplativen Zustand werden, zur Erkenntnis, daß alles eins ist. Sicherlich ist das theoretisch zu begreifen, aber dadurch scheint keine Veränderung ausgelöst zu werden, und deshalb sucht man nach Mitteln und Wegen, die einem vom theoretischen zum unmittelbaren, intuitiven Verständnis bringen — und übersieht dabei, daß selbst das nur eine subtile Form des unsinnigen Versuchs ist, den Veränderer selbst zu verändern, ein Versuch, der nur aus der illusorischen Unterscheidung von Denkendem und Gedachtem, Erlebendem und Erlebtem folgt.

Solange diese subtile Verwirrung besteht, läßt man sich zu mancherlei Arten der Meditation verführen, und ein kompetenter Guru wird so raffinierte Techniken vorschlagen, daß man ihre Sinnlosigkeit kaum durchschaut, wenn man den vorgeschlagenen Weg nicht konsequent bis zum Ende verfolgt. Außerdem beschwören die Ambitionen und kleinen Erfolge anderer Sucher eine Gruppensuggestion oder sogar allseitiges Wetteifern herauf und stärken den Glauben, dieser oder jener Weg oder Guru sei wirklich und wahrhaftig der einzig richtige. Der Guru hat indessen lediglich die eine Absicht, die Kraft der Illusion zu brechen, indem er seine Schüler wieder und wieder die Erfahrung machen läßt, wie absurd der Versuch ist, den Geist durch den Geist umzuformen. Der Zen-Patriarch Seng-ts'an hat das so zum Ausdruck gebracht:

> Wer weise ist, der strebt nicht;
> Der Unwissende verstrickt sich selbst . . .
> Wenn du auf deinen Geist mit deinem Geist einwirkst,
> Wie kannst du unendliche Verwirrung vermeiden?

Nachdem das einmal ausgesprochen ist, könnte man sich natürlich fragen, ob es wirklich nötig ist, diesen ganzen Zirkus in all seiner Strenge mitzumachen, nur um die Illusion aufzulösen. Man geht mit sich zu Rate, ob man überhaupt noch den Antrieb hat, solchen Übungen zu folgen, da man ja theoretisch schon weiß, daß sie absurd sind. Aber ist denn nicht klar, daß allein die Frage: ,,Ist die Übung notwendig, um die Illusion zu zerstören?'' bereits aus der Illusion selbst aufsteigt? Wem das nicht klar ist, der wird mit aller Macht weiter danach trachten, die Übung durchzustehen, um vielleicht doch ,,mehr'' zu erreichen und zu einer höheren spirituellen Stufe emporzuklettern. Wem es hingegen klar ist, der wird womöglich so perplex und konsterniert sein ,,wie eine Mücke'', würde man im Zen sagen, ,,bei dem Versuch, einen eisernen Bullen zu stechen''. Dieses Gefühl besteht darin, zu spüren, daß es überhaupt kein gesondertes Selbst gibt, das mit dem Problem etwas oder nichts anfangen könnte. Dann dämmert es einem, als könnte, im Falle daß es kein individuelles Ego gibt, das konsterniert wäre, der Strom des Erlebens, ohne sich selbst zu hemmen, einfach dahinfließen. So heißt es:

> Blaue Berge sind von selber blaue Berge;
> Weiße Wolken sind von selber weiße Wolken.

Dieses ungehemmte Fließen ist das Tao, der Weg oder Lauf der Natur, wie auch das, was als Zustand des Nichthaftens bezeichnet wird — das spontane, ungezwungene, ungehemmte Strömen des Lebens. Doch die Ahnung, unser Leben sei ein solches Dahinströmen, versetzt uns in heftige Angst, und sofort erheben sich moralische Bedenken, die Tiger und Dämonen in unserm Innern könnten loskommen, wenn sie nicht mehr unter unserer Kontrolle stehen. Aber diese Skrupel folgen nur aus derselben alten Illusion. Wenn nun die ganze Zeit über kein kontrollierendes Selbst dagewesen wäre? Es wäre auch zu prüfen, ob die Lebensumstände des Menschen überhaupt noch verdorbener sein können, als sie bereits sind, und zu bedenken, wie abscheulich sich die Leute aufführen, die an ihre Willenskraft glauben und meinen, sie hätten ihren Geist und ihre äußeren Verhältnisse in der Gewalt. Hitler war ein Asket; Rasputin hatte Körper und Geist unglaublich unter Kontrolle; und viele Samurai brachten mit Hilfe des Zen-Trainings ihre militärischen Fertigkeiten zu höchster Vollendung, abgesehen von einigen wenigen wie Miyamoto Musashi, die letztendlich die Vergeblichkeit solcher Bemühungen einsahen. Das Tao fließt ohne Behinderung dahin, ob wir es wissen oder nicht, denn selbst unser Unwissen ist nichts weiter als eine Spielart des Fließens, wie ein anderer Zen-Vers verdeutlicht:

> Wenn du verstehst, sind die Dinge einfach, wie sie sind;
> Wenn du nicht verstehst, sind die Dinge einfach, wie sie sind.

Nun wird oft angenommen, daß die von der Illusion der Getrenntheit Befreiten automatisch mit außergewöhnlichen Kräften begabt seien, und das stimmt auch insofern, als alle Wunder der Natur nichts anderes sind als man selbst. Es mag auch sein, daß sich bei solchen Menschen psychische Kräfte *(Siddhis)* zeigen oder auch nicht, so wie das Wetter mal gut, mal schlecht ist. Wo immer Menschen einen erleuchteten Guru hoch verehren, werden sie sich in seiner Gegenwart selbst von Krankheiten heilen, aber ihre Heilung auf seine magischen Kräfte zurückführen. Die Meditation sollte als Zustand angesehen werden, in dem sich die Gaben der Natur und die dem menschlichen Körper innewohnenden Kräfte reicher entwickeln können, allerdings nur, wenn sie zwanglos zur Reife gelangen. Solange wir um höhere Kräfte bemüht sind, wollen wir immer noch mehr Kontrolle über die Natur gewinnen und vertiefen nur unsere Frustrationen. Natürlich spreche ich hier von einer Kontrolle der Natur, die angeblich von außen her kommt. In Wirklichkeit ist es jedoch verkehrt, die Natur überhaupt für kontrolliert, selbstkontrolliert oder unkontrolliert zu halten, denn die Vorstellung von Kontrolle setzt eine Dualität voraus, bei der das eine Element befiehlt und das andere gehorcht oder nicht gehorcht. Die Struktur oder Ordnung der Natur hängt nicht von einer solchen Teilung ab, da Ursache und Wirkung, Aktion und Reaktion nur zwei Aspekte oder Pole von ein und demselben Vorgang, zwei verschiedene Blickwinkel sind. Keine Ursache läßt sich von ihrer Wirkung trennen, es sei denn zum Zweck der Beschreibung in einer dualistischen Sprache.

Mystiker und Gurus, die für sich selbst nichts mehr erstreben, halten oft trotzdem noch an Übungen fest, die dem Anschein nach festgelegte Meditationsformen sind. Die zahllosen Buddhas und Bodhisattvas sind meistens in der Meditationshaltung, dem *Padmasana* oder *Lotussitz*, dargestellt, nicht anders als irgendein Novize, aber dabei handelt es sich in Wirklichkeit nur um ein Ritual, das um seiner selbst willen beibehalten wird — wie man einfach gern Flöte spielt oder Freunde zu einem festlichen Dinner einlädt. Es ist eigentlich lächerlich, die Frage zu stellen: „Warum überhaupt meditieren?", als sei Meditieren etwas so völlig Abwegiges und Absonderliches wie das Liegen auf einem Nagelbett. Warum zu den Sternen aufblicken oder die Wolken betrachten? Warum in einem Boot segeln ohne festes Ziel? Nichts wird wirklich erklärt durch eine Angabe von Ursachen und Gründen, denn man findet Ursache nach Ursache, ohne daß ein Ende abzusehen wäre. Ein Kind fragt auch immerfort: „Warum? Warum? Warum?", bis sein Vater wie ein Zen-Meister sagt: „Halt deinen Mund und iß deinen Pudding!"

Kontemplation, diese spezielle „Übung" nach bestimmten Regeln ist folglich einfach die rituelle Freude an der tiefempfundenen Wahrnehmung dessen, was im Jetzt, kontinuierlich, von einem Augenblick zum andern geschieht. In gleicher Weise ist der Gesellschaftstanz eine rituelle Form des wahren Tanzens, das das Tanzen beim Kochen oder das Tanzen mit der Feder beim Schreiben einschließt. Darum ist es ganz und gar gegen den Geist einer solchen Kontemplation, sie mit finsterem Ernst durchzuführen, wie es in manchen Klöstern und religiösen Gemeinschaften geschieht, die im Grunde nichts anderes sind als Schulen für Halbwüchsige, die kein wahres Interesse am kontemplativen Leben haben und dort wie einberufene Soldaten im Ritual gedrillt werden. Kinder sollten unter keinen Umständen gezwungen werden, an derlei Übungen teilzunehmen, wie man ja auch im Traum nicht daran denken würde, sie zum Geschlechtsverkehr zu drängen. Ebenso absurd ist es, wenn wir uns selbst in einem solchen Ritual wie Kinder behandeln und uns die anstrengendsten Übungen auferlegen, weil wir denken, sie würden uns guttun. Das Gute an der Kontemplation ist die Kontemplation selbst — und nicht der Erfolg, den man sich davon verspricht.

Es gibt zwar traditionelle Formen für die Übung der Kontemplation, aber die verschiedenen Übungsmethoden sind doch nicht absolut festgelegt. Immerhin hat es sich als praktisch erwiesen, wie Buddha mit gekreuzten Beinen zu sitzen (im Lotussitz), in bequemer, aber aufrechter Haltung, und dabei den Atem von alleine kommen und gehen zu lassen — als ob er ein- und ausströmen würde, statt eingesogen und herausgedrückt zu werden.

In dieser geistigen Haltung hört man nicht bewußt hin, sondern vernimmt einfach alle Geräusche, wie sie aus der Stille auftauchen, ohne irgendeine Anstrengung zu machen, sie zu lokalisieren oder zu identifizieren. Ebenso sieht man auch nicht bewußt hin, sondern Licht, Farbe und Form fallen einem in die Augen, wie sie von einem Augenblick zum anderen aus der Leere aufsteigen. Mit Gedanken, die auftauchen, geht es so wie mit den Geräuschen, ihr Kommen und Gehen wird einfach kommentarlos registriert; man „hört" sie, wie man das Zwitschern der Vögel auf dem Dach hört.

Wenn der Atem ruhig und gleichmäßig geworden ist, macht es besonders Freude, die Stimme mit in ihn einfließen zu lassen, zum Beispiel mit der Silbe OM oder dem Mantra OM AH HUM, und dem Widerhall dieses Klangs nachzulauschen — dazu könnte vielleicht ein Gong ertönen, den man lange ausschwingen läßt, bis seine Schwingung in allen anderen Klängen verebbt. Von dieser Art rituellem Singsang gibt es viele geeignete Variationen, manche mit langgedehnten Tönen, andere mit rhythmischen Tonfolgen, die immer und immer wiederkehren, wie beispielsweise das bekannte fröhliche Mantra HARI KRISHNA, HARI KRISHNA, KRISHNA KRISHNA, HARI HARI; HARI RAMA, HARI RAMA, RAMA RAMA, HARI HARI. Es kommt gar nicht auf die Bedeutung der Worte an, sondern auf ihren inneren Klang und die Bewegung des Atems und der Lippen, mit denen eine direkte Erfahrung der aus der Leere kommenden Urenergie des Lebens einhergeht.

Während der Kontemplation treten gelegentlich Visionen oder ekstatische Bewußtseinsphänomene auf, und es ist natürlich verführerisch, darin das Ziel der Kontemplation zu sehen. Der Versuch jedoch, bei diesen Erscheinungen länger zu verweilen oder sie wieder hervorzurufen, wenn sie abgeklungen sind, wäre etwa so wie das Anspannen der Gesichtsmuskeln, um besser sehen zu können, und unterbricht lediglich den natürlichen Fluß des augenblicklichen Geschehens. Vielleicht wird man auch erstaunlich sensibel für die unausgesprochenen Gedanken und Intentionen anderer oder erlangt eine bemerkenswerte geistige Klarheit und Erinnerungsfähigkeit, aber das sind keine Anzeichen für den ,,Fortschritt'' in der Kontemplation, denn sobald man nach Erfolgen strebt, kontempliert man nicht mehr. Es kommt bei der rituellen Kontemplation zu ähnlichen Verlockungen wie in der Musik, wenn man ein Instrument nur spielt, um sich selbst oder anderen bei einem Wettstreit sein Können zu beweisen, statt einfach aus Freude an der Musik zu musizieren.

Eine zu intensive Beschäftigung mit der rituellen Kontemplation kann auch zu einer einseitig passiven Lebensform führen und einem das Gefühl vermitteln, man lebe abseits vom ewigen Jetzt, während man mit seinen anstrengenden Übungen voll ausgelastet ist. Da man sich angewöhnt hat, seine Muskeln beim Sehen, Zuhören und Wollen anzuspannen, um sich damit gleichsam seines Ichs zu versichern, tut man das automatisch auch bei natürlichen physischen Anstrengungen wie Laufen, Heben und Ziehen, als ginge es darum, zu zeigen, daß solche Betätigungen völlig anders sind als jene, die ganz spontan und ,,von selbst'' vor sich gehen. Dadurch macht man beispielsweise beim angestrengten Laufen noch eine Extraanstrengung zur Bewältigung dieser Anstrengung, so daß der Eindruck entsteht, die Leistung des Laufens sei ein praktischer Beweis für die Aktivität und Kraft des Egos. Man hat gelernt, meist schon im Kindesalter, bei anstrengenden Tätigkeiten seine Anstrengung auch deutlich zu zeigen. Aber sich anzustrengen, um eine Anstrengung deutlich zu machen, heißt zuviel des Guten tun und wirkt der natürlichen Muskelkraft entgegen, denn man wirft dabei sich selbst einen Knüppel zwischen die Beine und setzt eine Anstrengung gegen die andere. Das ist so, als hätte beim Ziehen der Trizeps gegen den Bizeps zu arbeiten. Fällt diese überflüssige Anstrengung weg, merkt man, wie der Entschluß, dieses oder jenes zu tun, aus sich selbst reift und die daraus resultierenden physischen Aktivitäten ganz von alleine geschehen, wie alles andere auch.

Freiwilliges Handeln wird sicherlich nicht von einem rein abstrakten „Ich" in Gang gesetzt. Vielmehr liegt es, wie das Wachstum des Gehirns oder die Verdauung, in der Urintelligenz des Organismus begründet und greift nur dann auf bewußte Reflexion zurück, wenn diese ein Mittel zum Zweck ist. Diejenigen, die den Organismus vom übrigen Universum trennen und ihn als etwas ansehen, das Impulsen gehorcht und auf „Triebe" reagiert, die angeblich außerhalb seiner selbst ihren Ursprung haben, würden ein solches Handeln vielleicht als biologisch oder physisch „determiniert" bezeichnen. Aber das Individuum-und-Universum hat keine von außen her in Kraft tretende, fremde Determinante. Das Individuum steht nur dann unter dem Zwang natürlicher Prozesse, wenn man es aus seinem Zusammenhang mit der gesamten Umwelt reißt und es zwar als *darin* befindlich, nicht aber als *davon* abhängig betrachtet. Gesetze und künstliche Einschränkungen werden im selben Maße notwendig, in dem das Individuum auf Grund seines eingebildeten Abgetrenntseins die Beziehung zu seiner organischen Intelligenz verliert und mit seiner Umwelt uneins wird. Natürlich darf das Wirken der organischen Intelligenz nicht mit der falschen Spontaneität von Handlungen verwechselt werden, die sich vorsätzlich gegen die natürliche Ordnung oder die menschlichen Gesetze richten. Wer sich außerhalb stellt, um gegen die gesellschaftlichen Konventionen zu opponieren, läßt sich weiterhin von ihnen bestimmen.

Früher hielt man alles, was mit Kontemplationsübungen zusammenhing, für esoterisch, und das war im Westen gleichbedeutend mit ketzerisch — es gab natürlich auch andere Arten von Ketzertum, und der kontemplative Weg wurde erst dann zum Irrweg, wenn man ihn inhaltlich zu erklären versuchte. In der Sprache der Theologie müßte man nämlich sagen, daß der kontemplative Mensch sich darüber klar wurde, daß allein Gott existiert, nichts anderes. Es liegt auf der Hand, daß diese Doktrin sowohl bei kirchlichen als auch bei weltlichen Herrschern zutiefst gefürchtet war. Wenn es nämlich für nötig befunden wird, Leute auszubeuten und zu unterdrücken, muß man ihnen unbedingt eine Sklavenmentalität einbläuen — und wenn sie dann roh und habsüchtig werden, könnten sie sich mit dem Gedanken trösten, daß „alles Gott ist" und daß Gut und Böse nur als polare Begriffe bestehen, und damit die wildesten Exzesse rechtfertigen. Das ist auch der Grund dafür, warum Regierungen den Genuß von Hanf und anderen psychedelischen Drogen untersagen: damit nicht unterdrückte, halbzivilisierte Individuen die Mysterien entweihen. Edle Weine kredenzt man nicht gerne betrunkenen Raufbolden.

So ist das Märchen, das isolierte Ego oder die abgesonderte Person sei das wirkliche Individuum, nur erfunden worden, um ein Gefühl der Kreatürlichkeit und Gottesfurcht zu erzeugen. Für die Herrschenden ist es nur vorteilhaft, wenn das Volk für die Polarität von Leben und Tod blind ist und deshalb zumindest den Tod fürchtet, wenn es schon keine Angst vor Gott hat. Aber wenn diejenigen, die dieses Märchen erfinden, ihm selber zum Opfer fallen, dann wollen sie auch noch als Person die Kräfte gewinnen, in deren Besitz sie als Gott bereits sind, was ihnen jedoch entfallen ist. Bei diesem Versuch greifen sie auf solche primitiven Weisheiten zurück wie lineare Zeichen, Worte und Zahlen, um damit über eine nichtlineare, unermeßlich komplexe Welt zu gebieten. Ebenso wie die Person eine lineare Version des Menschen ist, die man mit dem wirklichen Menschen verwechselt, so wird das lineare Weltbild — mit dem das lineare Wissen es zu tun hat — mit der wirklichen Welt verwechselt. Dann muß die wirkliche, lebendige Welt mit Gewalt begradigt, eingeebnet, aufgeteilt und fein säuberlich in Schubfächer verpackt werden, um sie dem groben linearen Wissen anzupassen. Dadurch wird das Gleichgewicht der Natur samt allen wechselseitigen Abhängigkeiten durcheinandergebracht — zur größten Verwirrung für Vögel, Tiere und Pflanzen sowie für den nichtlinearen Körper und Geist des Menschen. In solch einer Notsituation muß man das Risiko auf sich nehmen, das Märchen von der Person mit all seinen Folgen aufzudecken und esoterisches Wissen zum Allgemeingut zu machen.

Dann erfährt sich der Mensch in der Kontemplation wieder als untrennbar vom Kosmos als Ganzem, von dessen positiven und negativen Aspekten, seinem Entstehen und Vergehen. Astronomie und Physik können nur theoretisch und andeutungsweise von der Unermeßlichkeit unserer Dimensionen sprechen, denn wir sind nicht einfach untergeordnete *Teile* eines Systems, wir sind selbst das ganze System im vollen und einzig wahren Sinne des Wortes. Für gewöhnlich, im Alltag unseres Handelns und Fühlens, haben wir nur oberflächlich intellektuell einen blassen Schimmer von dieser Wahrheit. Aber in der Kontemplation wird diese Betrachtungsweise so wirklich und selbstverständlich wie das Atmen und läßt die Probleme des alltäglichen Lebens im richtigen Licht erscheinen — *sub specie aeternitatis* —, sie neutralisiert und korrigiert unsere gewöhnliche kurzsichtige Voreingenommenheit und unsere kleinmütige Beschäftigung mit Spielchen und Intrigen.

Die Natur, in diesem Fall unsere eigene wahre Natur, setzt dieser Beschäftigung ein Ende, indem sie uns technische Möglichkeiten eröffnet, die Spielchen ins Riesenhafte zu vergrößern, in einem bisher unbekannten Maßstab. Dabei werden sie schnell ad absurdum geführt oder steigern sich bis an den Rand einer Katastrophe, so daß die ihnen innewohnenden Widersprüche für alle offen zutage liegen. Wir wollen die Technik für das aussichtslose Pokerspiel einspannen, das Positive ohne das Negative zu erlangen, und mißachten dabei das Prinzip der Elektrizität, auf dem eben diese Technik zu einem großen Teil basiert. Dieses Unterfangen ist ebenso illusorisch wie das Ego, das dahintersteht.

Wenn aber unsere Ziele ganz offenbar unerreichbar geworden sind, ist die Zeit reif dafür, jenem Ego die Maske herunterzureißen — die *Persona*-Maske, die das Leuchten unseres ,,wahren Gesichts'' verhüllt. Wenn der Frühling kommt, springen die Knospen auf, zerbrechen die Vöglein im Nest ihre Schalen, bringen die keimenden Pflanzen ihre Samenhüllen zum Bersten. Wenn das kosmische Ei einen Sprung hat, ist Buddha fast schon geboren.

April 1972

DAS NULL-EINS PHÄNOMEN

Kürzlich habe ich G. Spencer Browns Buch *Laws of Form* („Gesetze der Form") gelesen. Obwohl Brown so bescheiden war, den Titel nicht mit dem Wort *The* („Die") einzuleiten, ist sein Buch mit Sicherheit der bemerkenswerteste Beitrag zur westlichen Philosophie seit Wittgensteins *Tractatus*. Mein Aufsatz soll keine Rezension werden, ich will das Buch nur zum Ausgangspunkt für weitere Betrachtungen machen. Aber es sollte doch erwähnt werden, daß dieses kleine klassische Werk mit seinen brillanten Folgerungen die Wurzeln des Denkens bloßlegt und eine Annäherung an das mystische Erleben auf dem Wege mathematischer Logik darstellt.

Spencer Brown erklärt, daß jedes Universum *„eine Version"* ist, abgeleitet vom lateinischen *uni* (ein) *vertere* (drehen). Jeder hat seine Version und ist selbst nur eine Version. Ein Universum nimmt also seinen Anfang mit der Feststellung von Unterschieden. Du kannst jede Unterscheidung treffen, die du willst, aber irgendwo mußt du dich festlegen. Wenn das jedoch geschehen ist, hast du dich in eine Sackgasse begeben, die deine Möglichkeiten immer mehr einschränkt und der du nicht entrinnen kannst. Als du empfangen oder geboren wurdest, bist du *einer* geworden. Aber wir wissen nicht, was einer bedeutet, wenn wir nicht auch *keiner* sind, und schon bilden einer und keiner die erste Unterscheidung. Wir können sagen, daß, bevor es einen gab, es keinen gab, obgleich wir nie zu dieser Feststellung kommen könnten, wenn es nicht bereits einen gäbe. Doch wie kann man einen auf keinen zurückführen? Wie hat Gott das Universum aus dem Nichts geschaffen? Um das zu begreifen, müßtest du zwei Versionen auf einmal haben statt nur einer. Du müßtest in der Lage sein, dich nicht nur nach links oder rechts zu drehen, sondern auch zurück zu dir selbst hin, so daß du deine eigenen Augen siehst.

Das ist wie bei dem alten Problem mit den drei Wünschen. Der erste Wunsch ist nicht sehr sorgfältig überlegt, aber wider Erwarten geht er in Erfüllung. Der zweite Wunsch muß dafür herhalten, die Erfüllung des ersten rückgängig zu machen, denn du wirst garantiert die willkürliche Veränderung im Lauf der Natur bedauern, die die unvorhergesehene Auswirkung deines ersten Wunsches ist. Das Problem liegt, wie bei einem Zen-*Koan* darin, was man nun mit dem dritten Wunsch anfängt. Wir werden später darauf zurückkommen.

Spencer Brown weist darauf hin, daß ein System, das sich selbst betrachtet, sich nie ganz sehen kann und daß sich folglich, je stärker unsere Teleskope werden, das Universum notwendigerweise ausdehnen muß. Wenn ich mit dem Universum in Zusammenhang stehe, wenn die Physik meines Körpers mit der Physik alles anderen übereinstimmt, dann habe ich zur Außenwelt die gleiche Beziehung wie zu dem Bereich meines Körpers, den ich sehen kann. Ohne Spiegel kann ich weder meinen Rücken noch meinen Kopf sehen. In mein Gehirn jedoch kann ich auch mit Spiegeln nicht hineinschauen, und selbst wenn ich, zum Beispiel als Nervenchirurg, anderer Leute Gehirn studiere, bleibt es mir doch verwehrt, in gleicher Weise mein eigenes zu untersuchen. Das ist äußerst frustrierend, aber es hat eine wunderbare, faszinierende Folgeerscheinung, der du dich absolut nicht entziehen kannst. Du selbst bist das Universum, das du betrachtest, und du versuchst, an dich selbst heranzukommen, indem du andere Menschen liebst/haßt. Ich überlasse es dir, über das Verhältnis von Frustration und Folgeerscheinung nachzudenken (du wirst vielleicht einige überraschende Entdeckungen machen), aber der Aspekt deiner selbst, den du nicht sehen kannst, entspricht ganz offensichtlich keiner Vorstellung, keiner Meinung und keinem Gedankenbild von dir, die du dir bereits gemacht hättest.

Die erste Unterscheidung ist also die zwischen keinem und einem (oder 0 und 1). Das entspricht der Polarität von *Yin* (negativ) und *Yang* (positiv) im *Buch der Wandlungen*, das Leibniz in einer lateinischen Übersetzung gelesen hat und das ihm die Idee eingab, alle Zahlen könnten durch die Ziffern 0 und 1 dargestellt werden, so daß die Reihe 1, 2, 3, 4, 5 die Folge 001, 010, 100, 101, 110 usw. ergibt, die Arithmetik, die den heutigen Digitalrechnern zugrunde liegt.

Nahezu jede Information kann in dieser Form dargestellt werden. Wie ein Farbfernsehbild durch nichts weiter als durch eine Reihe von Impulsen übermittelt wird, so besteht die gesamte Information unseres Nervensystems aus der Einschaltung und Abschaltung der Neuronen. Das zugrundeliegende Prinzip wird deutlich, wenn man sich einmal vergegenwärtigt, daß eine genügende Anzahl von kleinen Punkten und Zwischenräumen gleicher Größe so verteilt werden kann, daß dadurch jedes Schwarzweißfoto wiederzugeben ist. Das ist eine Art von Sprache. Die gleiche Art Sprache kann dazu benutzt werden, einer Maschine die Information einzugeben, für jeden Punkt, den sie druckt, eine von vier verschiedenen Farben auszuwählen, und man braucht nicht allzuviel Phantasie, um sich vorzustellen, daß alle Empfindungen und Gedanken durch eine Folge von *Yang*-Punkten und *Yin*-Zwischenräumen, z.B. auf einem Tonband, wiedergegeben werden können. Es gibt sogar eine Methode, wonach ein Magnetband durch Abgabe oder Zurückhalten eines Impulses (*Yang*) einer Maschine die nötigen Informationen geben kann, um mittels Laserstrahlen aus einem Plastikblock irgendein dreidimensionales Objekt zu modellieren. Nun erhebt sich die Frage: Vorausgesetzt, wir hätten das technische Know-how, um alles, was wir wissen können, in Form eines Codes aus Ja/Nein- oder An/Aus-Informationen zu reproduzieren, würden wir dann nicht einfach nur das, was tatsächlich — jetzt und immer schon — in der Welt vor sich geht, reproduzieren?

Diese Frage kann auch völlig anders gestellt werden: Wenn wir vollkommene Kontrolle über alle Ereignisse erlangen könnten, würden wir dann nicht zu unserem größten Erstaunen entdecken, daß wir das tun, was seit eh und je geschieht?

Hinzu käme ferner die Erkenntnis, daß alle Geschehnisse, die wir bisher als von außen kommend und von uns unabhängig angesehen haben, in Wirklichkeit unser eigenes Verhalten sind. Anders gesagt: Wenn alles, was geschieht, unausweichlich ist, heißt das umgekehrt, daß wir es selbst tun. Ein wirklich konsequenter Fatalist muß zwangsläufig zu dem Schluß kommen, er sei Gott und habe deshalb vollkommene Willensfreiheit. Das ist das Prinzip, demzufolge sich beugt, was überleben will, und nachgibt, was sich behaupten will. Die an Prädestination glaubenden Calvinisten und Moslems sind nur halb davon überzeugt: Sie räumen zwar ein, daß alles, was geschieht, göttlicher Wille ist, betrachten sich aber weiterhin als abgesondertes, ergebenes Opfer dieses Willens. Darum sind sie auffallend energisch und aggressiv, aber ihre Energien führen zu Entzweiung, Feindseligkeit und Rechthaberei, da sich diese Menschen noch immer für vom göttlichen Willen abhängige Marionetten halten. Denn wer sich Gott unterwirft, muß ihn insgeheim hassen und diesen Haß an seinen Mitmenschen auslassen. Nun gibt es unter den Moslems eine Gruppe von „Ketzern", die Sufis: Diese wissen, daß es kein abgesondertes Selbst gibt, das sich Gott ergeben könnte: Es gibt nur einen Gott, Allah (dabei fällt mir immer das schöne Wortspiel „All . . . Ah!" ein). Die Sufis sagen: „Wie es keinen Gott außer ihm gibt, so gibt es auch keine *Wesen*heit außer ihm." So kommt es, daß die Sufis die andere Seite des Islam vertreten — nicht den trostlosen Koran mit seinem blindwütigen Prophetentum, sondern Musik, Tanz und Kunst — die fröhlichen Formen der Gemeinsamkeit.

Nehmen wir einmal an, uns würde plötzlich die Erkenntnis aufblitzen, daß es kein „Ich" gibt, das abgesondert und isoliert wäre von allem, was ist oder nicht ist. (Wir müssen hier natürlich die 0 so gut wie die 1 einschließen und aus dem gleichen Grund sowohl den Aspekt des Todes als auch den Aspekt des Lebens, denn du wüßtest gar nicht, daß du lebendig bist, wenn du nicht einst tot gewesen wärst.) Diese Erkenntnis ist angenehm aufregend und erschreckend zugleich, als wären wir eben entstanden und hätten den entscheidenden Entschluß gefaßt, *einer* zu sein. Spencer Brown beschreibt das so:

> Die Haut eines lebendigen Wesens trennt das Außen vom Innen ab . . . Wenn wir uns Gedanken darüber machen, in welcher Weise eine solche Trennung dargestellt wird, können wir mit einer geradezu unheimlichen Genauigkeit und Vollständigkeit die der Linguistik, Mathematik, Physik und Biologie zugrundeliegenden Grundformen rekonstruieren und dann sehen, wie die uns bekannten Gesetzmäßigkeiten unseres eigenen Erlebens unerbittlich aus dem ursprünglichen Trennungsakt folgen. An diesen Akt selbst erinnern wir uns, wenn auch vielleicht unterbewußt, als an unseren ersten Versuch, Dinge voneinander zu unterscheiden in einer Welt, deren Grenzen wir eigentlich nach Gutdünken abstecken können. In diesem Stadium kann das Universum nicht von der Art, wie wir uns ihm gegenüber verhalten, unterschieden werden, und die Welt scheint Treibsand unter unseren Füßen zu sein.

Wie du deiner Stimme bei einer Trickaufnahme nachlauschst, wie sie immer etwa eine Sekunde nach deinem Sprechen verhallt, so wartest du immer darauf, daß jener andere Bursche weitermacht. Denn wir haben uns an das Gefühl gewöhnt, daß das Weltgefüge von jemandem oder etwas anderem als uns selbst bestellt und eingerichtet wurde, und darum ist die Feststellung, „das Universum sei nicht zu unterscheiden von der Art, wie wir uns ihm gegenüber verhalten", ein grausiger Nervenkitzel. (Genau dieser Empfindung entspringen die Horrortrips von Leuten, die zur Unzeit die Erfahrung des kosmischen Bewußtseins machen, indem sie LSD-25 oder andere psychedelische Drogen ohne angemessene geistige Vorbereitung genießen.)

Die Kulturen, die sich an der jüdischen, christlichen und islamischen Religion orientieren, gründen sich auf diese Angst. „Die Furcht des Herrn ist der Weisheit Anfang." Diese Völker wollen vorangetrieben werden und nicht etwa geradeaus gucken, sondern in den Rückspiegel, um den Geboten ihrer Vorväter zu folgen. Darum ist bei ihnen der Gedanke vollkommen tabu, sündhaft und gotteslästerlich, daß das Universum nicht von der Art, wie man sich ihm gegenüber verhält, unterschieden werden kann — daß man tatsächlich eine Inkarnation Gottes ist, ebenso wie Jesus, Kabir oder Ramana Maharshi. Dabei ist das ein Naturzustand wie der, daß man ein Herz hat, und gehört zu den Dingen, von denen Spencer Brown sagt:

> Sobald sie einmal entdeckt sind, erkennt man sie als extrem einfach und klar, so daß sich jeder, auch ihr Entdecker, wie ein Narr vorkommt, weil er sie nicht eher entdeckt hat. Allzuoft wird vergessen, daß das antike Symbol für den „vorgeburtlichen" Zustand der Welt der Narr ist und daß Narrheit ein göttlicher Zustand ist, dessen man sich weder rühmen noch schämen sollte.

Aus diesem Grund kennt man in den buddhistischen Kulturen des Fernen Ostens eine Art Volksbuddha, den fetten und ziellos umherwandernden Taugenichts Pu-tai mit seinem dicken Sack voller wunderbarer Narreteien, mit denen er die Kinder beglückt. (Es heißt, er sei ein exzentrischer Zen-Priester der späten T'ang-Dynastie gewesen. Im Amerika des zwanzigsten Jahrhunderts oder in der Volksrepublik China wäre er als obdachloser Verrückter aufgegriffen und in ein psychiatrisches Krankenhaus gesteckt worden. Pu-tai aber weiß, was er sich als drittes wünscht — nämlich wunschlos zu sein. Denn wenn man erkennt, daß das Universum nicht von der Art, wie man sich ihm gegenüber verhält, unterschieden werden kann, gibt es weder ein Schicksal noch den freien Willen, weder das Selbst noch das andere. Dann ist einfach nur ein *Geschehen* da, in das alles einbegriffen ist und in dem die persönliche Empfindung, lebendig zu sein, gleichbedeutend ist mit dem Strömen des Flusses und dem Leuchten der Sterne im fernen Raum. Dann hat die Frage keinen Sinn mehr, ob man mitmachen, sich unterwerfen oder sich anpassen soll, denn was in dir selbst und als du selbst geschieht, unterscheidet sich nicht von jenem Geschehen. An Unterwerfung zu denken heißt, sich von diesem Geschehen abzutrennen und in der Folge einen Berg von negativen, aggressiven Kräften dagegen anzusammeln.

Solches Geschehen mag Gott, das Tao oder Allah genannt werden. Du kannst es dir sogar als bewußte Wesenheit vorstellen, aber wenn du das tust, dann bürde ihm nicht die Last und Mühe auf, dauernd zu Gericht sitzen zu müssen und umschmeichelt, umgarnt, angefleht, beschwatzt, um Vergebung gebeten und mit frommen Liedern gelangweilt zu werden. Paulus befahl, daß Frauen in der Kirche still zu sein hätten, aber er selbst predigte ohne Unterlaß. Wenn du Jesus wärst, hättest du nicht zu ihm gesagt: „Nun sei doch mal ein Weilchen still"?

Den Gedanken aufzugeben, man sei von Gott getrennt und ihm untertan, war von jeher gefürchtet, als beschwöre es Sittenverfall herauf, dabei ist durch nichts bewiesen, daß Monotheisten sich menschenfreundlicher verhalten als Pantheisten. Wenn überhaupt, kommt man zum umgekehrten Schluß, denn alle Völker, deren Kosmologie sich auf eine militärische Folge von Befehlsempfängern stützt, sind üble Streithähne und Imperialisten. Ewig strafen und disziplinieren sie andere Leute zu deren eigenem Besten, melken sie jedoch gleichzeitig bis zum Gehtnichtmehr. Und trotz ihres Bekenntnisses zum Atheismus sind sowohl Rußland als auch China theokratische Staaten mit Ikonen, heiligen Schriften und Ketzergerichten — nur daß ihre Ikonen riesige vulgäre Plakate sind anstelle von frommen Bildwerken mit Gold- und Edelsteinverzierungen.

Wenn ein Mensch wirklich Würde, Gelassenheit und geistige Klarheit hat — wie ein alter Baum, ein Löwe oder eine Galaxie —, muß er mit Herz und Verstand begreifen, daß er selbst im Grunde dieses ganze Geschehen ist und daß sein individueller Körper nur eine von unzähligen

Ausdrucksformen dieses Geschehens ist. Ich habe vorher schon gesagt, daß der Aspekt deiner selbst, den du nicht sehen, nicht zum Gegenstand deiner Betrachtung machen kannst, nicht irgendeine Vorstellung, eine Meinung oder ein Gedankenbild deiner selbst ist, das du dir gemacht hättest oder je machen könntest. Darum auch wußten oder ahnten Moses und Mohammed dunkel, daß man sich kein Bildnis von Gott machen sollte. Wie ein lupenreiner Kristall oder ein Vergrößerungsglas macht erst die Leerheit eine Form vollkommen klar, und darum kommt der Raum — dessen man sich stets bewußt ist, ohne in der Lage zu sein, ihn abbilden zu können — der Idee Gottes am nächsten und auch der Ahnung des eigenen, nicht erschaubaren Wesens.

Daraus folgt ein höchst bemerkenswerter Schluß. Wie Transparenz oder Leere einer Form Klarheit und Bestimmung verleiht, so wächst mit meinem Verständnis dafür, daß ich selbst das Geschehen bin und deshalb nicht fehlgehen kann, auch meine Wertschätzung für alle Arten von genauen, geregelten Übungen und Techniken. Hat man einmal erkannt, daß man nichts aus Pflicht- oder Verantwortungsbewußtsein gegenüber einem großen Boß tut, steht es einem pötzlich frei, eine Sache mit Liebe und Sorgfalt zu Ende zu bringen. Wer nicht länger die Unterscheidung zwischen dem Universum und dem eigenen Verhalten trifft, ist wirklich auf sich selbst gestellt und braucht einen gewissen Verantwortungssinn. Und in dem Maße, in dem wir diesen Sinn der mitfühlenden, aber nicht ängstlichen Achtsamkeit entwickeln oder ihn in uns entstehen lassen, werden wir lernen, ohne den Staat auszukommen, wie wir gelernt haben, ohne die Kirche auszukommen.

1. September 1971

DIE SIEBEN GEHEIMEN WORTE GOTTES
Urschöpfung

Im [a]Anfang, als Gott Himmel und Erde schuf und die Erde wüst und leer war und es finster war auf der Tiefe, sprach Gott: [b]ICH BIN ES. Und so ist es.

2. Sodann, da er in der Ewigkeit war, in der es weder Linie noch Folge gibt und in der alles jetzt-und-immerdar ist, sagte Gott: IRGENDWO MUSS DIE LINIE GEZOGEN WERDEN. Und so geschah es.

3. Aber es war keine langweilige gerade Linie, keine gleichförmige Mauer, denn Gott fuhr fort: LASSET ES RUNDGEHEN. Und so geschah es, und nach dem Ebenbild des Runden wurden die Sterne und Planeten geformt.

4. Daraufhin sprach Gott: JEDES DING HAT ZWEI SEITEN. Seitdem gibt es: innen und außen, Dünnes und Dichtes, Rechtes und Falsches, Angenommene und Verworfene, denn es steht geschrieben: [c]Einer wird angenommen, der andere wird verworfen werden.

5 Und Gott sagte: ALLES ZU SEINER ZEIT. Und so war es und ist es, jetzt und immerdar, denn ebenso steht geschrieben: [d]Wie es war im Anfang, jetzt und immerdar und von Ewigkeit zu Ewigkeit. Amen.

6. Und wiederum sprach Gott und sagte: SCHAFFET RAUM. Und so gibt es heute neben diesem und jenem, neben dem Jetzt und dem Dann auch das Hier und das Dort.

7 Und Gott sah, daß er [e]seine Zeugnisse für ewig gegründet hatte und sprach zu sich selbst: VERSCHWINDE. Seitdem bist *du* dran.

a 1. Moses 1, 1-2; Ps. 33, 6; Apg. 14, 15
b 2. Moses 3, 14; Joh. 8, 58
c Matth. 24, 40-41
d Liturgie
e Ps. 119, 152

ÜBER DEN VERFASSER

Alan Watts wurde im Jahre 1915 in England geboren. Besuch der King's School in Canterbury. 1939 erfolgte die Ausreise und anschließend die Niederlassung in den Vereinigten Staaten. Alan Watts war Professor für Theologie und Rektor an der Amerikanischen Akademie für Asiatische Studien. Intensiv beschäftigte er sich über Jahre mit östlicher Philosophie, Musik und Tanz. Dies, sowie ausgedehnte Studienreisen nach Japan ließen Alan Watts als einen der umfassendsten Kenner und Interpreten des Zen-Buddhismus, aber auch der indischen und chinesischen Philosophie bekannt werden. In weiten Kreisen gilt er als einer der schöpferischsten und geistreichsten Denker dieses Jahrhunderts. Er starb 1973.

WEGE ZUR UNIVERSELLEN VERANTWORTUNG
aus Tushita 2

In diesem Buch wird eine Auswahl von Texten aus der buddhistischen Tradition und „buddhistischen Ökologie" vorgestellt. In zwei Kapiteln kommt das geistige und weltliche Oberhaupt der Tibeter im Exil, der Dalai Lama, zu Wort. Gesche Nanwang Dargiä, einer der wichtigen Personen der tibetanischen Gelehrsamkeit, skizziert die Etappen des „Stufenweisen Weges" zur Liebesfähigkeit und Mitverantwortung. Gesche Rabten, Abt des tibetanischen Klosters in Rikon, Schweiz, versucht in seinem Artikel „Veränderungen" die philosophische Basis der buddhistischen Philosophie darzulegen. „Wege zur universellen Verantwortung" ist das dritte Werk aus der Reihe „aus Tushita", in der ein Team von Übersetzern möglichst authentisches Material in direkter Übersetzung aus dem Tibetischen vorstellt. Die Präsentation bietet eine Verbindung zwischen westlichen und östlichen Formen, in der manche interessante Ansätze liegen.

96 Seiten, reich illustriert, DM 12,—

DÖRFER WACHSEN IN DER STADT
Beiträge zur städtischen Gegenkultur

Reflexionen über Möglichkeiten städtischer Gegenkultur, Überlegungen zur Frage Stadt- oder Landleben, Berichte von Versuchen beides zu koppeln, eine Bilanz der Alternativbewegung — das sind die Themen dieses bunten Lesebuches. Hier findet man eine Fülle interessanter Projektberichte, die nicht beschönigen wollen, sondern meist auch freimütig die internen Schwierigkeiten beim Aufbau einer „Alternative" dokumentieren.

Berichtet wird u.a. vom alternativen Landbau, über die unterschiedlichen Weisen, Naturspeiseläden „alternativ" zu organisieren; „Dritte-Welt-Gruppen" empfehlen eine „Alternative zur Coca-Cola-Politik", von einer „Biogas-Gruppe" werden konkrete Vorschläge zur autonomen regenerativen Energiegewinnung im Selbstbau gemacht; eine „Ärztegruppenpraxis" beschreibt ihre Schwierigkeiten im menschlicheren Umgang mit den Patienten usw.

„Es wachsen Dörfer in der Stadt." Diese Hauptthese des Buches soll begründen, daß alle diese Initiativen, die meist ohne Kenntnis voneinander arbeiten, miteinander sehr viel zu tun haben und vielleicht gar die Keime einer künftigen humaneren Gesellschaftsordnung darstellen könnten.

288 Seiten, reich illustriert, DM 24,—